Noyée dans l'alcool

Virginie Hamonnais

Noyée dans l'alcool

Postface du docteur
Fatma Bouvet de la Maisonneuve

Max Milo
TÉMOIGNAGE

www.maxmilo.com
ISBN : 978-2-315-00898-8

À mon fils Thimco,

Avant-propos

À trente-cinq ans je suis tombée dans l'alcoolisme. Deux bouteilles de vodka par jour au minimum et sans limites : tout ce que je pouvais boire en plus, je le buvais. L'alcool, mon ancien meilleur ami, est le meilleur anxiolytique en vente libre à chaque coin de rue.

J'ai entendu dire que pour les malades alcooliques comme moi, il n'y avait que quatre issues possibles : la prison, l'hôpital psychiatrique, la mort ou l'abstinence. Je n'ai pas connu la prison, mais le commissariat de police et la cellule de dégrisement oui ; l'hôpital psychiatrique, j'y ai été une semaine, c'était choquant ; la mort je l'ai frôlée à plusieurs reprises. Ce n'était pas gagné : la folie de l'alcool et la mort étaient comme mes ombres. Les deux issues les plus probables dans mon cas. Aucune honte et plus de limites… Je reviens de loin. Très très loin. Aujourd'hui je suis totalement abstinente.

Je vais vous parler sans détours du mécanisme qui m'a menée à l'alcoolisme, du manque, des sevrages, des cures, et de tout ce que j'ai perdu, en commençant par moi-même, et mon fils qui avait dix ans à l'époque. Oui, « à l'époque », car à cause de mon alcoolisme il a été placé en 2015 à l'ASE (Aide Sociale à l'Enfance) et j'ai gâché une partie de son enfance et de son adolescence. J'ai compromis son avenir alors qu'il ne pouvait compter que sur moi, famille monoparentale oblige.

Je vous parlerai de l'enfer qu'ont connu mon fils et mes proches, du temps si précieux qui a été perdu à jamais, de la solitude, de la souffrance du manque physique du produit et de bien d'autres choses encore… Par contre je ne vous parlerai pas de *déclic*, je n'y ai jamais cru, je l'ai attendu et il n'est jamais venu. Ou du moins pas comme je le croyais, comme je l'attendais.

Je parlerai des difficultés pour s'en sortir, de ce combat de tous les jours pour réapprendre à vivre et regagner la confiance en soi que l'alcool a détruite et de la difficulté de retrouver la confiance de ceux qui vous aiment et vous ont aimé… Parce qu'on ne veut pas d'un alcoolique à côté de soi, on l'évite, on l'oublie, on l'écarte de sa vie, on fait le vide autour de soi. L'alcool est un gouffre qui coûte cher, le portefeuille lui aussi en prend un coup, et met sa vie en péril.

Je vous parlerai également d'un tabou : cela arrange beaucoup de gens d'avoir une personne alcoolique dans sa parenté, cela détourne l'attention des problèmes que la famille peut avoir et comble des vides.

Enfin, je vous parlerai du système « serpent » qui prétend vous soigner, et vous relâche dans la nature pour mieux y revenir : ce sont les centres de sevrage et les hôpitaux. C'est un dur combat de rester sobre, avec un entourage souvent dans le déni, le monde qui tourne et qui continue de boire et le long suivi qu'il faut entamer pour ne plus replonger. La force qu'il faut avoir en soi pour ne pas retoucher au produit. Comment retrouver la volonté et l'estime de soi, être heureux sans alcool et ce même si les problèmes se sont aggravés du fait de l'alcoolisme ?

J'ai accouché de moi-même en me sortant de cet enfer et en écrivant ce livre… en espérant que cela puisse aider les alcoolodépendants et leur famille à les comprendre et les soutenir. La vie a été la plus forte, mais le puzzle de moi-même et celui de mon entourage est à reconstruire.

Noyée dans l'alcool… Voici mon histoire.

février 2018

Chapitre 1
Un réveil difficile

Un jour de février 2018, je me réveille et je mets du temps à comprendre où je suis. J'ai mal à la tête. Je me sens engourdie et vaseuse, j'ouvre les yeux, je suis sur un lit d'hôpital.

Malheureusement ce n'est pas la première fois, j'y suis tellement allée que je sais qu'il va falloir prendre patience, être convaincante pour sortir de là et que tout cela va prendre du temps. Je viens seulement de me réveiller. J'ai dû faire tous les hôpitaux de France ces deux dernières années alors je sais qu'une fois de plus ce doit être une soirée qui a mal fini pour moi qui m'a amenée là. J'espère n'avoir pas trop fait de dégâts la veille.

Là, de nouveau, je suis dans un couloir blanc grisâtre de saleté par endroits, là où les gens s'appuient… Une lumière jaunâtre baigne le couloir et je vois des carrés de placo au plafond. Je suis seule dans ce couloir, sur l'unique brancard. Il n'y a presque aucun bruit, seulement quelques bips que j'entends au loin, des hurlements de personnes âgées qui demandent une infirmière, mais rien d'autre. Elles ne viendront pas. C'est peine perdue.

Ce doit être la nuit, tout semble si calme, on entend un peu la soufflerie, c'est entêtant, surtout dans mon état. Quand c'est la nuit, l'hôpital fonctionne au ralenti. Si l'on hurle ou l'on crie, les infirmières se mettent vite en colère et vous font des leçons de morale ou pire… Il vaut mieux ne pas se faire remarquer.

Je suis dans un hôpital, mais où ? Où ? Je sais seulement que pendant cette période nous étions avec mon ami, à quelques kilomètres d'Alençon en Mayenne. En attendant j'essaye de me souvenir mais sans succès, je ne me rappelle pas la soirée, ni comment je suis arrivée ici.

Je suis recouverte d'un drap blanc jusqu'à la taille, j'essaye de bouger, je ne peux pas, je devine tout de suite que je suis sanglée au niveau des jambes, je sais que je n'ai pas mes chaussures parce que j'ai froid aux pieds. Et mon sac, où est mon sac ? Il y a toute ma vie dedans : mon téléphone, mon chargeur, ma carte bancaire, mes cigarettes… Mon sac, c'est ce qui me relie à la vie, à mon ami, à l'extérieur, c'est une catastrophe si je ne l'ai pas avec moi.

Je me rends compte que mes mains aussi sont sanglées de chaque côté de mon corps par un épais ruban blanc clouté, avec des trous ajustables à ma physionomie afin que je ne puisse faire aucun mouvement. Pareil au niveau de la poitrine. Impossible de me mettre sur le côté ou de bouger d'un centimètre. J'ai compris, ils ont utilisé les grands moyens, je suis clouée au lit ! Quelle honte Virginie ! Tu as encore trop abusé et rebelote : te revoilà à l'hôpital, dans de beaux draps…

Je n'ai qu'une idée en tête : reprendre mes esprits pour analyser les lieux, repérer la sortie et fumer une cigarette. Je veux rentrer chez moi et laisser une fois de plus ce mauvais rêve derrière moi… Je ne supporte plus ces lumières d'hosto, ces odeurs, ces silences rythmés par quelques bips cardiaques. Ça sent la mort. Les désinfectants et la mort. On entend des toux horribles, les voix désespérées de personnes âgées, qui appellent « y a quelqu'un ? » Ça ne s'arrête jamais. Un vrai film d'horreur. On entend furtivement des voix d'infirmières que l'on ne voit pas, mais que l'on entend rire de temps en temps, et ce malgré les plaintes répétitives et agonisantes qui hantent ces couloirs…

Ça ne sert à rien de hurler, elles ne viendront pas les infirmières. J'ai envie de leur dire, mais cela ne sert à rien non plus, je le répète dans ma tête en souhaitant que cela s'arrête. Et la nuit c'est équipe réduite. Mieux vaut passer inaperçue et attendre, paraître normale, ne pas paniquer sous le coup de l'impatience. Car on ne sait pas sur qui l'on va tomber comme infirmiers ou comme médecins qui, eux, ont tous les droits… Ce sont eux qui décident : je suis à leur « merci » et je suis déjà en mauvaise posture, sanglée comme je le suis.

Je fais le point. J'essaye de bouger, je ne peux pas. De tourner mes mains pour essayer de gagner un peu de souplesse mais rien. Ils m'ont vraiment sanglée au maximum cette fois ! J'ai mal à la tête, je me rassure en me disant qu'ils ont dû me faire une piqûre, peut-être pour combler le manque, me calmer… Dans l'immédiat je veux qu'ils me détachent, redevenir un patient lambda et aller fumer. Fumer une cigarette me permettrait de « souffler »un peu, de me lever et d'apprivoiser les lieux.

Après avoir gesticulé pour évaluer la marge de manœuvre de tous mes membres, j'en conclus qu'elle est décidément nulle. Je suis comme prisonnière, punie. Je retrouve mes esprits et ma nature plutôt douce et calme reprend le dessus… Mes instincts de survie reviennent : ce que je veux c'est sortir de là.

Depuis mon réveil je sais que je suis confrontée à une épreuve de patience : somnoler tout en restant vigilante au cas où je verrais une infirmière, un docteur… Attendre et accrocher leur attention au moindre passage. Mon instinct de survie prend le dessus, j'ouvre grand les oreilles pour percevoir chaque pas, dans chaque partie de couloir pour savoir si des infirmières viennent par ici ou si elles s'éloignent. En général elles s'éloignent, et c'est toujours une déception, mais je dois garder de l'espoir et j'en ai toujours. C'est facile de les entendre car elles ont toutes des « crocs » aux pieds. Au moindre bruit, j'ouvre les yeux. Ça me fatigue encore plus, je ne suis pas tranquille et je deviens impatiente… Impossible de se reposer réellement, je veux être détachée ! Ça vous rend fou d'être traité comme ça, d'être paralysé, de ne pouvoir se servir de ses membres, d'être privé de la liberté fondamentale d'aller et venir. Je veux sortir fumer et sortir d'ici. Le temps est si long. L'hôpital, une fois qu'on y rentre on ne sait jamais quand on en sort. Tout le monde connaît ça, aux urgences, c'est la même chose.

J'essaye de voir le positif : à l'exception de mes chaussures, mon manteau et mon sac qu'ils ont gardés, je suis encore habillée de mes vêtements, et pas de leur chemise au dos nu qui fait que là, on est vraiment complètement démuni.

Ça y est, un bruit de pas approche, une infirmière vient me voir. Je suis réveillée, elle me demande comment je vais : naturellement je lui dis que je vais très bien ! Je lui demande un verre d'eau, elle va en chercher un et c'est elle qui tient le verre, impossible de boire, l'eau coule le long de mon menton, ça dégouline… Comment puis-je boire dans cette position ? Je ne peux même pas lever la tête. Je lui demande de me détacher pour boire et je lui explique que j'ai très mal à un poignet tellement ils l'ont serré fort. Elle me répond qu'elle n'a pas le droit, et que puisque je suis réveillée, un médecin va venir me voir.

Elle s'en va, du coup je n'ai plus qu'à attendre à nouveau… Attendre et attendre encore en essayant de me tortiller pour gagner un peu de souplesse dans les liens. C'est plus fort que moi, il faut que je bouge, j'essaye. C'est peine perdue mais j'essaye. C'est mon corps vivant qui essaye lui aussi de reprendre le dessus. C'est pour ça que j'ai mal au poignet, rien à faire, et pourtant j'y mets toutes mes forces.

Pas d'horloge. Le temps me semble interminable. Je referme les yeux et j'attends… Toujours cette odeur d'hôpital… Je tourne la tête face au mur pour oublier où je suis quelques instants.

Je ne sais pas au bout de combien de temps le médecin, une femme, vient enfin me voir. Elle me demande comment je vais, je lui dis que je vais beaucoup mieux, que, oui, j'ai abusé de l'alcool, mais que je ne peux pas rester là car je dois commencer un nouveau travail tout à l'heure (là je mens, je manifeste l'urgence que j'ai à sortir de l'hôpital). Nous sommes tard dans la nuit. Je me dis qu'elle comprendra que je veuille me préparer pour mon embauche. Je lui explique rapidement que je suis au RSA, que j'ai besoin de bosser. Il n'y a pas d'urgence, c'est la nuit mais elle est pressée. Tout en me parlant, elle vérifie mes sangles et elle remarque qu'en effet tout est bien trop serré. Elle constate que je suis calme, que je m'exprime bien. Je sens enfin un sentiment de compréhension, alors j'insiste, je voudrais savoir quand je peux sortir de l'hôpital, là je la sens moins disposée, elle me répond rapidement : « Je vais voir, je reviens, j'appelle une infirmière pour les sangles. » Quand le médecin est là, il ne faut jamais rater l'occasion car une fois parti, il faut attendre longtemps avant d'en revoir un et c'est toujours bref. Elle repart, elle n'est pas bavarde, des gens comme moi elle doit en voir souvent… Mais elle donne déjà son accord pour que l'on m'enlève les sangles et va voir un collègue pour savoir si je peux partir et rentrer chez moi.

Chapitre 2
La belle vie et la Corse

En juin 1999, je venais de terminer ma deuxième année de droit à l'université Paris-Nanterre mais cela ne me convenait pas. Je ne me voyais pas dans les carrières qu'offraient ces études, je ne voulais pas être avocate, juge ou huissier. En réalité je me cherchais.

Je faisais des petits jobs pour une agence en qualité d'hôtesse dans des salons, des réceptions destinées à de grandes entreprises, des comités. J'étais mal payée mais au moins je travaillais et j'aimais découvrir ces milieux différents, voir comment se comportaient ces femmes et hommes d'affaires entre deux conférences. En écoutant leurs discussions, j'ai compris que je ne voulais pas non plus intégrer le milieu de « l'entreprise », me sentir embrigadée dans un système.

Je voulais être libre comme mes parents en quelque sorte. Mon père et ma mère ont toujours travaillé ensemble en tenant une petite boutique de décoration d'intérieur dans le 15e arrondissement de Paris. Même s'il y avait des contraintes, ils étaient créatifs et indépendants. C'étaient eux qui géraient leur temps et cela a permis à ma mère de s'occuper de moi et de mon frère, un peu plus peut-être que si elle avait travaillé dans une « vraie » entreprise. Mais je ne me voyais pas reprendre la suite de leur magasin. Mon père avait fait l'école Boulle et commencé à travailler à quatorze ans. Il travaillait le bois, le cuir, les tissus. C'est un métier de passion où l'on ne compte pas ses heures quand on vise la perfection. Il allait chez les clients pour prendre des mesures, leur amener les fauteuils, imaginer des plans d'intérieur pour ces appartements. Ma mère, elle, recevait principalement les clients, les conseillait pour le choix des tissus. J'aimais aussi la voir s'occuper de réaménager les deux vitrines qui donnaient sur la rue. Jamais ils ne sont restés les bras croisés à attendre le client. Ils étaient tous les deux extrêmement complémentaires et courageux.

Ils m'ont appris que l'on n'avait rien sans rien, qu'il fallait être courageux, que tout était possible. Ils m'ont donné de bonnes bases pour grandir et évoluer par moi-même. Pour croire en moi.

Quand l'été arrivait, ils fermaient pendant deux mois et nous passions les vacances entre la maison de campagne, située dans la Nièvre, et la Corse. Ainsi en 1999, l'été de mes 20 ans, je suis partie, comme chaque année, en Corse du Sud à Santa-Guillia en famille.

On partait au petit matin pour prendre, à Marseille ou à Toulon, le bateau qui menait en Corse et sur lequel on voyageait de nuit. On voyait s'éloigner le continent sur le pont, puis nous allions au restaurant, avant de rejoindre notre petite cabine dans laquelle on entendait le bruit des moteurs. On se levait tôt le matin pour admirer les côtes corses qui approchaient. En descendant du bateau avec la voiture, fenêtres ouvertes, on pouvait sentir la douce odeur du maquis.

Mes parents louaient pour trois semaines un petit appartement proche de la plage. À peine sorties les affaires de la voiture on partait voir la mer. Dès le lendemain matin, je laissais mes parents et mon frère se préparer tout doucement, prendre leur petit déjeuner tandis que j'étais déjà prête à courir vers la plage. J'aimais y aller seule. J'aimais ces odeurs matinales, qu'il n'y ait encore presque personne sur la plage. Je me sentais vivre : la Corse c'était notre coin de paradis que je connaissais depuis ma plus petite enfance.

Cette année-là, un événement allait bouleverser mon été. Je me suis fait gentiment draguer par un groupe de jeunes garçons. On se retrouvait sans difficulté sur la plage pour parler et rigoler de tout et de rien. Les garçons se sont fait repérer par une équipe de M6 qui voulait suivre de jeunes vacanciers pour *Zone Interdite*. De mon côté, j'ai refusé d'être filmée mais j'ai sympathisé avec l'équipe de tournage qui était composée d'un journaliste, d'un cameraman et de l'ingénieur du son. Je les ai donc suivis partout ou presque mais en off. Ils me parlaient de leur métier et des différents reportages qu'ils avaient déjà faits, des lieux où ils avaient été, des gens qu'ils avaient rencontrés. J'étais fascinée par ce qu'ils faisaient. Un métier où l'objectif était de raconter des histoires ! Jamais avant je n'aurais osé croire qu'un métier pareil pouvait exister. J'observais comment se passait le tournage : les différentes séquences avec les garçons, les images d'illustrations de la plage, de la Corse... À chaque pause, ils devenaient les rois de la plage, des bars, des discothèques... Tout le monde les connaissait. La liberté de leur métier était bien là : où qu'ils aillent, ils tournaient puis ils posaient la caméra et buvaient une bière ou deux...

Même s'ils buvaient pas mal, ils restaient pros. De mon côté, je buvais aussi mais beaucoup moins. Je buvais le soir principalement. Je ne pouvais pas suivre le rythme la journée, avec le soleil ç'aurait été intenable. Je n'en avais d'ailleurs pas l'envie, ce que je vivais me donnait tellement d'adrénaline !

Une des séquences du documentaire se passait dans la boîte de nuit à la mode, la Via Notte. On pouvait voir les garçons danser et faire la fête. Draguer et être dragués. L'ambiance battait son plein... Très rapidement on se dirigeait tous vers le bar, et chacun buvait et dansait le verre à la main. Un whisky coca, puis deux, puis trois, j'étais saoule, mais gentille. J'avais l'alcool joyeux à cette époque. Je savais quand je devais m'arrêter. C'était le plus important. J'avais la notion du dernier verre.

Le cameraman, Julio, était corse, d'une famille très connue sur l'île, et fils du producteur du reportage. C'était un garçon fier de lui, sûr de son charme corse-colombien et de son aura, mais aussi de ce qu'il avait pu accomplir dans sa vie de journaliste. Il prenait le temps d'expliquer les circonstances des conflits qu'il avait couverts dans différents pays comme l'Irak ou le Liberia. Il parlait de la manière dont il s'y prenait pour se faire accepter et prendre des contacts avec des personnes de tous horizons dans les camps adverses… Il n'avait pas peur de prendre des risques et cela gonflait sa fierté : on ne peut être qu'impressionné quand on entend toutes ces histoires. Nous avions une grande complicité. Il me faisait sans cesse du pied sous la table. Je n'avais aucune idée à l'époque que Julio allait, bien des années plus tard, devenir le père de mon fils. C'était complètement improbable car il était en couple. Il avait une compagne, Michelle, qui était enceinte. Ils attendaient une petite fille pour janvier. Julio était fier de montrer la photo de sa « femme » qui semblait très jolie, ce qui ne l'empêchait pas de jouer de son charme avec moi. Je me disais que c'était dans sa nature de jouer. Je gardais mes distances avec lui.

Un jour, pour une séquence sur un bateau avec les jeunes, je me suis retrouvée avec Julio qui filmait et moi qui devait tenir la perche de l'ingénieur du son. Du coup, je suis passée derrière la caméra avec du matériel professionnel dans les mains, à devoir faire attention que la perche ne soit pas dans le cadre du cameraman alors que le bateau allait vite et bougeait beaucoup…

Le tournage terminé, l'équipe et Julio sont repartis à Paris. Mes vacances se sont achevées plus calmement, en famille, et avec dans un coin de ma tête l'envie d'être journaliste. Je savais enfin ce que je voulais faire de ma vie.

Chapitre 3
La naissance d'une vocation

De retour à Paris, Julio, l'ingénieur du son et moi avons repris contact. Nous nous retrouvions de temps en temps en fin de journée du côté de Bastille. Des amis journalistes nous rejoignaient et chacun racontait ses vécues à travers le monde. Nous avions un bar de prédilection, Le Select. Nous étions devenus une bande de potes… Chaque soir était prétexte à se retrouver et discuter, rigoler et boire. Moi aussi je buvais, pas au même rythme mais j'en prenais un peu l'habitude. J'ai été élevée comme une petite fille sage, dans un milieu assez protégé avec mes parents. À leur contact, je me lâchais un peu et buvais davantage. Eux semblaient ne pas avoir de limites.

Petit à petit, ils m'ont présentée à plusieurs autres journalistes et Julio m'a proposé de venir à la production pour voir comment se passait le montage. Cela ne posait aucun problème puisque la production était celle de son père. Je commençais à faire partie de ce monde, au départ sans véritable légitimité, mais cela m'intéressait tellement que je me suis lancée et j'ai fini par oser demander à des journalistes si je pouvais assister à certains tournages.

Ils ont accepté et je suis allée sur ceux qui avaient lieu à Paris et où je savais que je n'allais pas être un poids. Je portais le pied de la caméra, les sacs de K7… Je suivais particulièrement une femme journaliste, Sylvie. J'étais en admiration devant cette journaliste indépendante. Je regardais comment elle travaillait avec les témoins, comment elle dirigeait son équipe. Je me rendais compte à quel point ce métier était complet, entre les enquêtes, les recherches, les déplacements dans différents univers, le montage qui finalisait le travail, l'écriture des commentaires et les conseils judicieux des rédacteurs en chef qui chapeautaient le tout.

Le contact se passait aussi bien avec les journalistes, les membres de l'équipe qu'avec les témoins. Plus j'y assistais, plus j'avais la confirmation que j'étais faite pour ce métier. J'étais à « bonne école » car je me suis rendu compte que la production de laquelle venait Julio était l'une des meilleures de Paris et de France.

De son côté, Julio était devenu papa d'une petite Mélissa en janvier 2000. Il avait l'air heureux même si je savais qu'il y avait des hauts et bas dans le couple qu'il formait avec Michelle, avec parfois des disputes assez fortes mais je n'en m'en mêlais pas. Je n'avais rencontré qu'une ou deux fois Michelle. Elle était plutôt réservée et assez distante. Elle avait une beauté « froide ». Je pensais que les caractères de Julio et Michelle étaient vraiment différents et que c'était peut-être pour ça qu'il rentrait tard chez lui quand il était à Paris, préférant rester au Select avec nous.

À l'époque je voyais beaucoup plus mes copines de l'école que Julio et ses amis mais nous gardions tout de même contact lorsqu'ils n'étaient pas en déplacement pour un tournage. Puis arrivèrent l'été 2002 et mon premier travail à Réservoir Prod, la production de Jean-Luc Delarue… C'était l'été à Paris et ils étaient en manque d'effectif pour les enquêtrices et préparer la rentrée. Je me suis présentée, j'ai obtenu ma convention de stage avec ma première lettre de recommandation de la production de Julio et j'ai pu enfin commencer à travailler, pour de vrai.

Pour ma première mission, on m'a demandé d'enquêter sur l'alcoolisme, le thème étant : « Tout quitter par Amour ». Il s'agissait donc de trouver un jeune homme, jeune père de famille qui aime suffisamment sa femme et ses enfants pour quitter l'alcool… Si j'avais su ce qui m'attendait…

D'appels en appels, mon enquête avançait et je me suis retrouvée en contact avec La Croix bleue, une association pour lutter contre l'alcoolisme dont la présidente elle-même avait souffert pendant des années. Son fils en souffrait également. Avec l'accord de ma rédactrice en chef je suis partie en repérage dans le Calvados rencontrer cette dame et une autre famille, avec ma petite caméra, mon carnet et mon stylo, ma première régie, ma première chambre d'hôtel réservée par la prod. J'étais heureuse comme tout.

La présidente de l'association m'a accompagnée rencontrer l'autre famille. Nous sommes arrivées dans une rue où toutes les maisons se ressemblaient et où la pauvreté sautait aux yeux. Chez eux je me suis vite rendu compte qu'ils avaient tellement peur de rencontrer une

« journaliste » venant de Paris (j'avais alors vingt-trois ans) qu'ils avaient bu avant de me voir… C'était incroyable. Je n'en revenais pas. La pièce sentait l'alcool, les verres étaient sur la table et les membres de la famille étaient rouges d'alcool, il avaient du mal à parler normalement et se coupaient la parole sans cesse, ce n'était pas facile pour mon interview.

Leur histoire était terrible car ils étaient tous dedans, les parents, le fils, le frère, jusqu'à piquer dans le porte-monnaie des uns et des autres pour aller chercher de l'alcool. Ils me racontaient que dès qu'une bouteille, de n'importe quel alcool, était ouverte, ils la finissaient dans la journée et que cela ne suffisait pas, il en fallait toujours une autre. Ils ne pouvaient pas s'en passer. J'étais plongée dans leur addiction, et j'en étais choquée. Je n'avais jamais vu ça avant, je ne savais pas que cela pouvait exister à ce point. Seule la jeune femme ne buvait pas et elle n'en pouvait plus. Elle menaçait son conjoint de partir avec les enfants.

Et je la comprenais.

Ils faisaient tous partie de l'association mais pour autant rien ne changeait pour eux. La prise de conscience était là mais le besoin d'alcool était plus fort, même avec les enfants qui étaient en bas âge.

C'était la région du café-calva dès le matin. La présidente de l'association elle-même gardait dans sa cave depuis des années un fut de gnole. Ancienne alcoolique elle avait failli tuer son fils d'un coup de fusil un soir où elle avait trop bu… Elle avait décidé de réagir, de se faire soigner et d'aider les autres malades alcooliques pour s'aider elle-même. Ce que je n'ai pas compris c'est qu'elle me propose avant de partir de prendre une bouteille avec moi, ce que j'ai refusé. Quand on sait quel poison c'est, on n'en propose pas.

Je suis rentrée secouée de ces rencontres en n'ayant pas une seule fois à l'esprit que cela pourrait m'arriver un jour, que je pouvais moi aussi tomber aussi bas. J'étais alors très loin de penser que l'alcool allait prendre une place des plus importantes dans ma vie...

J'ai appris quelques années plus tard que le fils de la présidente de la Croix bleue s'était suicidé après avoir trop bu. Cette femme était dévastée mais que dire ? J'entendais à sa voix qu'elle avait replongé.

Le lendemain, je suis rentré à Réservoir avec mes images, j'étais en plein dans le sujet mais la famille n'était pas assez « bien » pour passer à la télé.

Ils étaient trop dans l'alcool, et pas assez corrects (il manquait des dents au jeune père de famille). C'était trop pathétique.

J'étais contente de retourner dans mes bureaux parisiens et je savais que j'avais trouvé ma voie... J'étais ancrée dans mon époque, témoin de mes contemporains, de la société dans laquelle je vivais. Le monde m'appartenait, tout était possible. Je pensais que ce travail ne pouvait que m'enrichir personnellement mais on ne peut pas sortir indemne de la misère des autres. Je garderai en mémoire à vie leurs histoires plus dramatiques les unes que les autres. Comment pouvais-je me douter que j'allais un jour tout laisser tomber et me détruire, détruire ma famille ? C'était inconcevable et tellement loin de moi.

En 2003 je continuais mes études et il fallait que je refasse un autre stage durant l'année scolaire. J'ai su par un technicien que l'on recherchait quelqu'un pour travailler à RTL. Il m'a donné les coordonnées de la personne à contacter, ce que j'ai fait et cela a fonctionné. J'étais chargée de faire la rédaction des questionnaires et de tester les futurs candidats de l'émission « Le Quitte ou Double », présentée par Jean-Pierre Foucault.

Je restais en contact avec Julio qui s'était séparé de Michelle avec qui ça se passait mal. Il est allé habiter quelque temps chez un copain pas très loin du Select et nous nous sommes rapprochés. Naturellement nous sommes devenus amants. Nous faisions des balades avec sa fille Mélissa au parc Montsouris qui se trouvait à côté de son ancien appartement. Il paraissait être un bon père, attentif et aimant. On marchait, elle courait dans les allées du parc, on s'asseyait pour manger une glace… On vivait le moment présent et ces instants me donnaient confiance en l'avenir.

Quand nous faisions l'amour, Julio n'arrêtait pas de me dire en me tenant les cheveux d'une manière sexy et sauvage « tu es à moi, dis-moi que tu es à moi ». Et je lui disais. Et puis il me disait sans cesse « là je suis en train de te faire un enfant, je veux un enfant de toi ». Notre relation était devenue très forte. Nous étions inséparables. Julio est venu habiter dans mon petit studio dans le 15e.

Dans le même temps, il commençait à se spécialiser comme reporter de guerre. Cela ne me rassurait pas mais il était passionné par les conflits qui se déroulaient dans le monde depuis le 11 septembre. Il rêvait secrètement d'obtenir le prix Albert Londres, suprême récompense pour un reporter de guerre.

En décembre 2003, Julio avait un projet en solo de reportage au Cachemire indien sur la frontière indo-pakistanaise. Il m'a proposé de l'accompagner. Nous sommes donc partis ensemble avec un simple visa de touriste le 25 décembre 2003. Nous avons passé quinze jours à rencontrer les victimes d'attentats qui avaient lieu presque quotidiennement. Je me souviendrai toujours des pleurs des femmes sous forme de chants remplis de souffrance.

Julio filmait et faisait son reportage, je l'accompagnais mais pour des raisons de sécurité, je restais avec le fixeur qui faisait partie de l'AFP et qui nous accompagnait partout. C'était difficile et passionnant à la fois. Je découvrais ce que Julio vivait quand il partait en déplacement dans ces pays et je découvrais sa manière de travailler sur place, de recueillir les informations et d'en prendre note sur son carnet, de filmer lors des attentats les survivants, de récupérer les bouts de chair des victimes qui étaient éparpillés un peu partout. J'avais moi aussi une petite caméra, je filmais tout et j'ai été surprise de constater que malgré l'horreur de la scène, le fait d'avoir l'objectif à l'œil mettait une certaine distance avec ce qui se passait.

Les journées étaient éprouvantes. Cela nous a beaucoup rapprochés avec Julio car nous vivions chaque instant avec passion. On se sentait les témoins privilégiés de ce qui se passait là-bas et comme nous étions logés sur un house-boat, nous rentrions chaque soir avec une petite barque à moteur qui nous attendait sur le rivage et venait nous chercher le matin tôt avec la brume sur le lac.

Les paysages étaient magnifiques avec les montagnes de l'Himalaya que l'on voyait au loin et, lorsque la nuit tombait nous écoutions Les Beatles, surtout la chanson *Across the Universe* avec Ravi Shankar.

Une fois le reportage terminé, nous sommes allés passer quelques jours au Kerala, à Trivandrum dans un magnifique hôtel. Là c'était l'Inde du Sud avec toutes ses couleurs et ses parfums. Julio me rendait dingue de lui, il était plein d'attentions pour moi, m'emmenait dans de beaux endroits, très privilégiés.

Puis nous sommes repartis pour la France. Après ce mois passé ensemble nous étions devenus vraiment inséparables. J'étais fière de lui, admirative de son sang-froid et ses capacités. Lui me disait qu'il m'aimait, que j'étais belle et sexy... Il me traitait comme une reine. Cela ne faisait qu'attiser mon goût pour l'aventure et j'aimais ça avec lui, même si je ne me voyais pas faire exactement le même métier, avec autant de risques. Et ce qui devait arriver arriva... À force de faire l'amour et de me dire sans arrêt « Je veux un enfant de toi », j'ai fini par être enceinte. Je lui ai annoncé la nouvelle, après avoir fait un test et une analyse sanguine, à son retour d'un déplacement en Côte d'Ivoire.

Nous étions tous les deux les plus heureux du monde. Lui espérait que ce serait un fils. Il m'a d'ailleurs fait faire un test avec un couteau et une cuillère recouvert d'un coussin chacun, pour essayer de deviner quel serait le sexe de notre enfant. Je me suis assise sur le coussin qui recouvrait le couteau. Il était à présent certain que ce serait un garçon, il disait que cela marchait à tous les coups. Il semblait être vraiment heureux et fier. Mes parents ont été heureux à l'annonce de ma grossesse, mais un peu méfiants quand même car ils ne trouvaient pas Julio très stable. Heureusement, j'ai toujours été proche de mes parents et je savais que je pouvais compter sur eux. Ce que je ne savais pas encore, c'est à quel point leur présence à mes côtés allait être importante.

Chapitre 4
Mon fils, mon plus grand bonheur et les mensonges

L'année 2004 fut l'année de ma grossesse. Nous avons quitté le petit studio pour aller, toujours dans le 15e, dans un deux-pièces que nous prêtait ma mère. Cet appartement avait une histoire, c'était celui dans lequel elle avait grandi avec ma grand-mère.

Il était situé rue Lecourbe à l'angle de la rue Cambronne, juste au-dessus d'un bar, Les Artisans. Comme on passait devant plusieurs fois par jour nous avons très vite fait la connaissance des serveurs et du patron qui était gentil. Il connaissait mes parents et était bienveillant avec nous. Il faut dire que nous étions de bons clients ! On déjeunait souvent là-bas avec mes parents ou Julio et rapidement *Les Artisans* est devenu son QG. Il y retrouvait ses amis pour parler projets de reportages.

Julio avait la bougeotte : à peine rentré d'un reportage, il pensait déjà au suivant. Il n'était donc pas souvent là, et quand c'était le cas il passait beaucoup de temps au bar pour voir ses amis et préparer ses enquêtes... Il allait partir plusieurs fois au Guatemala, au Kosovo, au Congo...

Je me rendais seule à mes rendez-vous chez le médecin, chez l'obstétricien, pour trouver la maternité où j'allais accoucher. Entre deux tournages, Julio a quand même pu assister à la deuxième échographie. J'étais contente qu'il soit là... La consultation s'est très bien passée et on a pu voir la petite tête et le petit nez de profil de notre bébé. C'est là que nous avons appris que notre enfant allait être un garçon.

Julio était fier et heureux. Cela faisait plaisir à voir. J'étais contente de pouvoir partager ce moment important avec lui. Le prénom était déjà choisi : Thimeo. Je n'ai pas vraiment eu le choix car la tradition familiale voulait que l'on donne le prénom du grand-père paternel ou de l'arrière-grand-père. Cela ne m'a pas dérangée car j'aimais ce prénom et j'étais certaine qu'il irait bien à notre fils.

Le soir de l'échographie, Julio m'a présenté une amie à lui, Camilla, une avocate corse plus âgée que lui qui m'a paru plutôt bienveillante. C'était son ancienne voisine puisqu'elle habitait l'étage au-dessus de chez Michelle, la mère de Mélissa. Nous avons commencé à nous appeler, elle me rassurait quand je ne comprenais pas les absences de Julio et me disait qu'il était vraiment amoureux, fidèle et content d'être le futur père de notre enfant. J'avais besoin d'entendre ces mots, que quelqu'un témoigne que Julio m'aimait vraiment et que notre enfant était un enfant totalement désiré.

Julio se confiait beaucoup à elle... et pour cause ! Plus tard, j'apprendrais qu'ils avaient été amants, et que Julio m'avait présenté sa maîtresse. Il jouait également avec elle car, à l'époque, quand il se disputait avec Michelle, Julio n'avait qu'à monter un étage pour aller passer la nuit chez Camilla. Mais cela Camilla ne me l'a avoué que bien plus tard. J'étais loin de m'en douter le soir où nous avions dîné ensemble.

Le comportement de Julio commençait à changer sans que je m'en aperçoive réellement. Quand il était à Paris, il passait beaucoup de temps à l'extérieur. Je l'avais au téléphone mais il me racontait ce qu'il voulait. Il rentrait tard, parfois très tard, et toujours bourré, ce qui amenait des disputes. Il me faisait des crises de jalousie sans raison puisque je ne voyais personne, à part quelques copines mais très rarement.

Ma grossesse je l'ai en réalité plutôt vécue avec mes parents, surtout avec ma mère qui ne travaillait pas loin. J'allais lui rendre visite et je lui parlais de ce que je savais de Julio, de mes démarches pour le bébé, de mes journées… Et de moi bien sûr. Je lui disais que je me sentais seule et elle le comprenait très bien.

Je ne travaillais pas. Je n'avais pas fini ma dernière année de journalisme et je n'avais fait que deux stages. Et puis je n'allais pas chercher du travail en étant enceinte. Je préparais l'arrivée du petit, ses affaires... Je voulais que rien ne manque au bébé pour son arrivée, qu'il ait le lit plus douillet, le plus gai et le plus doux possible.

Je me baladais aussi souvent et je me souviens qu'en passant devant l'église de Vaugirard je m'y suis arrêtée pour prier pour que ma grossesse se passe bien, que je, que l'on !, puisse avoir un bébé en pleine forme et sans problème de santé. Que l'on soit une famille heureuse et unie. Je ne suis pas croyante mais dans les moments difficiles, l'église est un bon refuge pour se confier, se parler à soi-même et garder confiance.

J'ai prié très fort et j'ai beaucoup pleuré. Je n'arrivais pas à comprendre le comportement de l'homme qui disait m'aimer, j'avais peur pour lui à cause de ses tournages et je me sentais trop seule. Mais j'étais concentrée sur ma grossesse et je voulais encore faire confiance à Julio, je n'ai pas pris le temps de voir la vérité en face.

Je parlais à l'enfant que je portais, je lui disais que ça allait aller. Que j'allais essayer de lui offrir la meilleure vie possible. Qu'il serait un garçon heureux et que je veillerai toujours sur lui.

Je vivais au rythme des coups de téléphone de Julio qui ne duraient pas longtemps mais toujours assez pour que je sois angoissée de ce qui pouvait lui arriver. Un jour où je me sentais tellement abandonnée et lasse de vivre ma grossesse seule, je me suis rendue, au bord du désespoir, au Bon Marché, le grand magasin parisien, avec l'intention de m'acheter un beau nounours. Je suis directement allée au rayon jouets au sous-sol et j'ai pris la peluche la plus douce et la plus mignonne que je pouvais trouver : un vrai nounours marron avec un regard doux que je pouvais tenir dans mes bras. C'était comme un sentiment, un transfert d'amour, le besoin instinctif d'une présence concrète, que je pourrais serrer dans mes bras dans l'appartement, dans mon lit. Oui, le besoin d'une présence.

Puis un soir alors que je prenais mon bain seule chez moi, j'ai senti un petit coup de pied qui m'a fait sursauter…

Enfin ! Mon bébé bougeait, c'était merveilleux ! Je prenais conscience qu'il était bel et bien là, sa présence devenait de plus en plus concrète.

Après une radio, le médecin m'a appris que j'accoucherai par césarienne car mon bassin était trop étroit pour une procédure normale, il fallait donc prendre une date pour l'accouchement. Il m'a proposé le 13 janvier, ce que j'ai refusé car la fille de Julio, Mélissa, était née un 12 janvier et que je ne voulais pas que l'anniversaire de notre fils arrive après le sien. J'avais un mauvais pressentiment sur ce qui se passait avec Julio, je sentais qu'il me cachait quelque chose mais je ne savais pas quoi. J'ai donc demandé à mon médecin de me tenir au courant s'il y avait de la place avant le 12 janvier. Je lui ai expliqué pourquoi c'était si important pour moi et il l'a compris.

J'avais entrepris chaque démarche seule, il fallait que je prenne cette décision toute seule. Cette question de jour de naissance, c'était une façon de m'affirmer et d'affirmer notre enfant, notre relation. Tout à coup je n'étais plus passive, je prenais une décision forte de sens que je pensais être la meilleure pour mon fils.

Julio n'était pas au courant de la date de l'accouchement car il avait dû partir en catastrophe en Indonésie après le tsunami du 4 janvier 2005 pour être l'un des premiers journalistes sur place. Avec ce qu'il s'était passé là-bas, il n'y avait pas moyen de le joindre par téléphone, et quelque part je me disais que cela tombait bien, j'avais vécu ma grossesse seule, je me sentais prête à accoucher seule. Le médecin m'a appelé le vendredi 7 janvier et m'a dit que l'accouchement se déroulerait en avance :

le mardi 11 janvier 2005. Quel soulagement ! C'était tellement important pour moi ! Mon souhait était exaucé.

Mes parents m'ont accompagnée à la clinique le lundi soir avec mes sacs et les vêtements pour le bébé que j'avais soigneusement préparés. J'étais sereine et entourée de ma famille, de leur amour. J'ai quand même laissé un message vocal sur le répondeur de Julio lui annonçant que j'accouchais le lendemain matin à neuf heures. J'avais mon nounours dans la chambre comme un porte-bonheur. Les sages-femmes étaient chaleureuses, j'avais hâte de faire la connaissance de mon petit bonhomme et de le tenir dans mes bras. Je me suis endormie sereine.

Le 11 janvier 2005 à huit heures et demie, alors que j'étais sur la table d'opération et qu'on venait de me faire la péridurale, qui vois-je arriver ? Julio ! Il m'explique qu'il a eu mon message à sa descente d'avion et qu'il s'est précipité à la clinique. Le temps de m'embrasser sur la bouche et on lui demande d'aller dans une pièce à côté, le moment étant arrivé : Thimeo allait naître.

On m'a posé un tissu pour que je ne voie rien, j'étais un peu dans les vapes, mais j'entendais tout ce qu'il se passait et après quelques petites minutes, le docteur a posé mon fils sur moi. Il était magnifique ! À peine né, il souriait déjà, je sentais sa chaleur, son souffle… c'était déjà le plus beau bébé du monde ! Mon bébé allait bien, il était parfait et enfin là.

Julio a été appelé par le docteur pour donner les premiers soins et le premier câlin à Thimeo. Je suis ensuite partie en chambre de repos, Thimeo dans sa couveuse à côté de moi. J'étais sereine, heureuse et émerveillée... fatiguée mais émerveillée. Thimeo était bien là. Je ne le quittais pas des yeux. Mes parents étaient là aussi et j'ai eu la visite du père de Julio, Carlos, qui est venu voir son petit-fils. J'étais fatiguée et pas tout à fait réveillée, la visite a été brève mais j'étais plutôt rassurée car comme me l'avait dit Julio, la famille pour les Corses, c'est ce qu'il y a de plus important. Lui a fini la journée avec ses copains à boire au café du coin pour fêter la naissance de son fils.

Je suis retournée avec mon bébé dans la chambre, chaque geste me paraissait si naturel. Je l'avais tellement attendu et désiré mon fils ! C'est là que j'ai posé le nounours dans le lit de Thimeo, le nounours et tous les espoirs que j'avais mis dedans étaient à présent à lui...

Thimeo est donc né le 11 janvier 2005, il a été reconnu par son père le 13 janvier à la mairie du 15e. Julio a dû passer le 12 janvier avec sa fille puisque que c'était son anniversaire, je ne le l'ai pas vu ce jour-là mais cela ne m'étonnait pas. J'étais avec mon fils, à le dorloter entre deux visites, je n'y pensais pas. Le 14 janvier était le jour où l'on devait me retirer les agrafes.

L'infirmière rentre dans ma chambre et commence son travail. Cela me faisait un mal de chien mais j'étais loin d'imaginer ce qui allait se passer quelques minutes plus tard, quand une personne frappa à la porte de la chambre. C'était l'ex de Julio, Michelle, la mère de Mélissa. L'infirmière interrompt son travail et me laisse seule avec elle et mon bébé dans la chambre. Je ne comprenais pas pourquoi elle était là, dans l'espace préservé qu'était ma chambre avec Thimeo… Même allongée sur le lit, ne pouvant pas bouger, j'étais sur mes gardes, je ne voulais pas qu'elle approche de Thimeo.

Et là, Michelle, droite comme un I se transforme en véritable furie en un instant, me disant que Julio et elle ça ne s'était jamais vraiment terminé même s'ils avaient fait une « pause » dans leur histoire. Elle me dit qu'elle était partie en Indonésie avec lui, qu'ils s'étaient retrouvés et que c'était elle que Julio aimait…

Elle me raconte qu'ils avaient eu mon message au sujet de l'accouchement à peine descendus de l'avion, ensemble dans le taxi et qu'avant de venir à la clinique, il l'avait déposée chez elle, qu'il lui avait même offert une bague de fiançailles lors du voyage en Indonésie. Elle me la montre à son doigt, et surtout elle me hurle dessus en disant que Julio ne reconnaîtrait jamais notre fils. Que Julio ne m'avait jamais aimée.

Dans ma tête, je me disais à cet instant que c'était trop tard, que Julio avait reconnu Thimeo à la mairie la veille. Je n'ai rien dit pour ne pas augmenter sa colère, je l'ai laissée parler en me félicitant d'avoir fait avancer la date de l'accouchement.

Michelle était tellement en colère que je ne voulais pas que cela m'envahisse et qu'elle reste trop longtemps. Thimeo était là, il n'avait pas entendre ses insultes et sa voix pleine de haine à notre égard.

L'infirmière est revenue terminer son travail et m'a demandé si tout allait bien. J'étais choquée, j'avais dû mal à comprendre ce qui venait de se passer. Je regardais mon fils dans sa couveuse, les larmes aux yeux, et je lui disais au fond de moi : « Ne t'inquiète pas mon Amour, ça va aller. » J'ai attendu que l'infirmière parte pour téléphoner à Julio et lui raconter ce qu'il venait de se passer. Il m'a dit qu'il ne fallait pas que je m'inquiète sans me donner plus d'explications, si ce n'est que Michelle était un peu folle et qu'il passerait me voir plus tard.

Il est arrivé le soir avec un bouquet de fleurs et m'a dit que s'il était parti avec Michelle c'était justement pour qu'elle accepte la situation. J'étais tellement sonnée par cette journée et la venue de Michelle que j'écoutais à moitié ses explications. J'avais même hâte qu'il reparte et qu'il emporte ces ondes négatives avec lui, loin de mon fils et moi. Je ne voulais rien entendre mais il est parti comme le charmeur qu'il était, en essayant de me rassurer et en me disant qu'il reviendrait le lendemain, ce qu'il fit.

Je n'avais pas vu, ou pas voulu voir venir les choses pour Julio. Toutes mes inquiétudes pendant ma grossesse se sont révélées être exactes, mes incertitudes avaient donc bien un sens, il ne m'avait pas été fidèle à cette époque. J'ai essayé de lui pardonner, Julio jouait beaucoup sur le fait qu'il exerçait un métier dangereux, qu'il allait peut-être mourir, que nous étions importants pour lui. Que c'était moi et Thimeo sa nouvelle famille...

Chapitre 5
La séparation plutôt que la souffrance

À la sortie de la clinique, je voulais oublier ce qui s'était passé et me concentrer sur notre avenir en essayant d'y croire à nouveau… mais dès le premier soir nous sommes allés au restaurant avec les amis de Julio et alors que je suis rentrée il a continué la soirée avec eux… Comme je n'ai plus entendu parler de Michelle, j'ai cru qu'elle nous avait enfin laissés tranquilles. En réalité Julio la voyait tous les jours car elle s'occupait du montage du reportage sur le tsunami. Quand je l'ai appris, il m'a expliqué qu'elle avait besoin de travailler et qu'il ne pouvait pas la laisser tomber car c'était la mère de sa fille.

Le bonheur d'être réuni tous les trois fut donc de courte durée. Très vite Julio a repris ses habitudes au bar avec ses amis. Je le supportais car j'adorais m'occuper de mon fils. J'étais émerveillée de le voir grandir, de l'entendre rire. Depuis que Thimeo était là je ne me sentais plus aussi seule... Le bémol c'était le soir, quand j'attendais Julio pour dîner et qu'il ne venait pas... Et lorsqu'il arrivait enfin, il n'était jamais sobre. Dans le meilleur des cas, il avait l'alcool souriant et s'endormait très vite, mais il arrivait aussi qu'il ait l'alcool mauvais. Quand il disait qu'il avait passé une dure journée, je savais qu'il fallait que je me taise pour éviter la dispute ; évidemment je n'y arrivais pas toujours, alors le ton montait et je lui demandais comment je pouvais lui faire confiance avec tout ce qu'il me faisait subir, tout ce qu'il s'était passé.

Le 10 février 2005, c'était mon anniversaire, j'attendais Julio avec impatience pour mes vingt-six ans, pour mon premier anniversaire en tant que maman… C'était important pour moi…

Julio n'est pas rentré trop tard, mais il est arrivé fou de colère. Il avait bu et il m'a fait une crise de jalousie parce que le patron du bar du bas, sachant que c'était mon anniversaire avait déposé une bouteille de champagne devant la porte de l'appartement. Il a commencé à dire qu'il y avait quelque chose entre nous, ce qui était plus que ridicule : si Julio passait ses nuits aux Artisans, de mon côté je me contentais de saluer le patron quand je le croisais. Julio n'a rien voulu entendre. Il m'a poussée contre la porte en verre qui menait au salon. Je suis tombée et les vitres se sont brisées. J'ai eu de la chance de ne rien avoir. Thimeo, qui dormait dans la chambre, s'est réveillé et s'est mis à pleurer. Je pleurais moi aussi. Comme je ne voulais pas crier et effrayer mon fils, j'ai demandé calmement à Julio de sortir de l'appartement. Je n'en pouvais plus. J'étais désemparée, fatiguée de cette vie qui était très éloignée de celle que j'avais imaginée. Julio est descendu au bar et le lendemain, comme à son habitude, il a fait comme si de rien n'était, il m'a même dit qu'il m'aimait et j'ai joué le jeu.

Très rapidement, Julio a dû repartir en tournage – je crois que c'était en Irak cette fois-ci. Comme à chaque départ j'ai fondu en larmes de peur qu'il ne revienne pas. Julio pleurait aussi, il prenait Thimeo dans ses bras en lui disant qu'il l'aimait, puis il est parti. L'appartement semblait vide et j'avais peur pour lui, mais je sentais aussi que je pouvais reprendre mon rôle de maman sans inquiétude. Quand il était en déplacement, la maison était calme, il n'y avait plus le stress de savoir quand et dans quel état Julio allait rentrer. On retrouvait une certaine sérénité avec Thimeo. La vie était paisible…

Le pire c'est que lorsque Julio devait revenir, j'angoissais. Je savais que le calme retrouvé en son absence n'allait pas durer. Bien sûr il était content de nous revoir mais il s'empressait de sortir de la maison. Il avait toujours quelque chose à faire. Je ne comprenais pas ce qu'il faisait, alors je téléphonais régulièrement à Camilla, cette amie avocate que Julio m'avait présentée. On essayait ensemble de comprendre son emploi du temps puisqu'elle était toujours en contact avec lui. Je crois même qu'il est allé dormir chez elle plusieurs fois, car il lui arrivait de découcher.

Cela a duré comme ça pendant un an, avec des départs et des retours, le calme et le stress, les retrouvailles et la solitude… Rien ne changeait.

En janvier 2006, de retour de tournage et d'un commun accord, Julio n'est pas rentré à la maison. On s'était disputé au téléphone et je ne voulais pas qu'il revienne. Il m'a répondu que ça l'arrangeait aussi. Même si je savais que c'était la meilleure décision, c'était tout de même un choc. Qu'est-ce que j'ai pu pleurer !

Il était pourtant hors de question que l'on continue à vivre dans ces conditions-là. Je n'étais pas respectée et aimée comme je le souhaitais, ni en tant que femme ni en tant que mère. Julio ne prêtait pas assez attention à son fils. Il le prenait dans ses bras à de rares occasions et lui disait qu'il l'aimait mais l'Amour, il ne suffit pas de le dire, il faut le montrer, le vivre et le partager. C'est trop facile de dire « Je t'aime » et de tourner les talons. Je ne voulais plus vivre dans l'angoisse permanente et que mon fils le ressente.

Thimeo avait un an.

2006-2010

Chapitre 6
Mes débuts professionnels et l'instabilité du père

En 2006, j'ai pu trouver une place en crèche à Thimeo. J'avais besoin de retravailler, pour mon épanouissement personnel et parce que je n'avais presque plus un sou ; c'étaient mes parents qui m'aidaient financièrement. Armée de mes deux stages et de lettres de recommandation de Réservoir Prod et RTL, j'ai arrosé les boîtes de production de mes CV, mais je n'ai eu que des réponses négatives...

Je voulais trouver du travail par moi-même, sans passer par Julio ou sa famille, alors quand j'ai appris qu'à la porte de Versailles allait se tenir le premier salon de la Télévision à Paris avec tous les présentateurs en vue du moment j'ai foncé !

Là-bas j'ai fait la queue pour rencontrer Karine Lemarchand, qui présentait « Les maternelles », elle m'a tout de suite écoutée et demandé si j'étais disponible pendant les grandes vacances. Elle a pris mon CV et m'a dit qu'elle allait le faire passer à sa rédactrice en chef. J'étais heureuse, c'était ma seule touche mais je le sentais bien.

La semaine qui a suivi, j'ai reçu ce fameux coup de téléphone, et j'ai réussi à décrocher un rendez-vous à Boulogne. Karine Lemarchand allait avoir une nouvelle émission, « Les Tabous » pour France 2, et j'allais être chargée du casting avec d'autres journalistes. Ça y est, ma carrière débutait réellement, et j'étais d'autant plus fière que je ne le devais qu'à moi-même !

Je commençais le lundi suivant, mon fils était à la crèche et ma mère irait le chercher jusqu'à ce que je rentre.

J'ai pu choisir les thèmes sur lesquels j'allais travailler et l'on m'a annoncé que je serai seule responsable du plateau et de tous les témoins sur un sujet déterminé à l'avance. J'ai choisi des thèmes qui ne me paraissaient pas évidents pour prouver que j'étais compétente et que l'on pouvait compter sur moi : la mort (perte d'un enfant, euthanasie), la prostitution, le racisme, l'homosexualité…

Julio, lui, téléphonait pour prendre des nouvelles et revenait de temps en temps, sans prévenir. Il frappait à la porte mais il était souvent alcoolisé et je ne lui ouvrais pas. Quand je le laissais rentrer il disait qu'il avait du mal à nous quitter. Il restait parfois dîner et nous faisions l'amour. J'étais toujours sous son emprise. Ça a duré quelque temps comme ça.

Un jour, en revenant d'un tournage, Julio m'a appelée pour me dire qu'il était hospitalisé pour un problème respiratoire mais qu'il n'était pas contagieux. Il voulait que l'on vienne le voir à Percy avec Thimeo qu'il n'avait pas vu depuis longtemps. Quand nous sommes arrivés, ses copains venaient de passer et il avait une bouteille de whisky cachée dans ses draps. Il s'en est vanté dès que nous sommes rentrés dans sa chambre. J'ai senti que cela allait encore mal se passer. Il était malade, saoul et la première chose qu'il m'a dite, sur le ton de l'humour, a été : « Salut Chérie, t'as de la chance, j'ai pas le sida ! »

Par la suite, Julio changea d'adresse autant que de copines. On gardait peu de contact, mais de temps en temps il demandait à voir son fils. Alors j'essayais d'organiser des rencontres au square, je ne voulais pas laisser Thimeo seul avec un père alcoolique même s'il me semblait important de maintenir un lien.

Je ne compte pas les fois où il a annulé ses rendez-vous au dernier moment parce qu'il était trop saoul ou qu'il ne venait pas du tout et ne répondait pas au téléphone, nous laissant dans l'attente et la déception.

Parfois, il venait goûter avec Mélissa. Je le voyais arriver en scooter alors qu'il était ivre. Je ne disais rien pour ne pas faire d'histoires mais je pensais que Michelle était inconsciente de lui confier sa fille. Comme je voulais que les enfants passent un bon moment je les emmenais au square Saint-Lambert où il y avait un bac à sable, un manège… tandis que Julio restait à la maison, sur le canapé.

Quand je regarde les photos que je prenais au square je vois que Mélissa a un regard triste et pensif sur le manège… Elle avait sept ans, elle était très heureuse d'être avec son petit frère mais elle s'attendait certainement à passer ces bons moments avec son père aussi… Thimeo, lui, ne se rendait pas encore compte de toutes ces choses.

Après avoir travaillé six mois sur l'émission « Tabous » avec Karine j'ai enchaîné les missions pour France2, E=M6... En tant qu'intermittente du spectacle, j'alternais des périodes où je ne travaillais pas et où je pouvais m'occuper de Thimeo tous les jours après l'école et des périodes ou je travaillais beaucoup et où ma mère prenait le relais à la maison.

En 2008, comme je me servais bien d'une caméra et que mes interviews étaient bons, je suis passée du statut de casteuse à celui de JRI (Journaliste Reporter d'Image) et j'ai été embauchée sur l'émission « Tellement vrai » pour NRJ12. J'ai aussi bossé comme cameraman pour Endemol sur l'émission « Bienvenue chez les Sander ». J'adorais le travail de l'image, me servir de la camera pour mettre en valeur les gens dont je recueillais le témoignage.

Je consacrais toutes mes journées libres à m'occuper de Thimeo, nous faisions beaucoup de choses ensemble et j'ai notamment voulu l'inscrire à la bibliothèque. Je me suis donc présentée à la bibliothèque du 15e pour emprunter de beaux livres pour les enfants. Au moment d'y inscrire mon fils on me demande de présenter le livret de famille ! En effet Thimeo ne portant pas mon nom il fallait que je prouve que j'étais bien sa mère ! Nous sommes repartis déçus et en colère.

Cet épisode m'a fait réfléchir et je me suis dit que n'ayant plus de nouvelles de Julio, cela pouvait poser pas mal de problèmes si mon fils ne portait pas nos deux noms de famille. Comme je ne me voyais pas trimballer le livret de famille à chaque formalité j'ai donc téléphoné à Julio pour lui expliquer le problème et lui demander de se venir avec moi à la mairie pour que nous fassions la démarche nécessaire.

Après de nombreux coups de fil sans réponse, des discussions qu'il terminait en me raccrochant au nez et des rendez-vous à la mairie auxquels il ne se présentait pas, il a fini par me dire qu'il ne le ferait pas et que de toute façon mon nom de famille était moche !

J'étais dans une colère noire : il venait non seulement de m'insulter, mais d'insulter ma famille. De plus, alors qu'il était devenu presque inexistant dans la vie de son fils, il m'empêchait clairement d'exercer mes droits de mère et d'être reconnue comme telle.

Et puis je commençais à me dire qu'il serait normal qu'il paye une pension alimentaire pour participer à « l'entretien » de son fils. D'autant plus qu'il n'avait pas, et loin de là !, de problèmes financiers Bref, je voulais simplement que Julio assume enfin ses responsabilités et que la Justice remette de l'ordre dans sa relation avec moi mais surtout avec son fils, de manière à ce que les choses soient claires. J'ai donc entrepris une première démarche auprès du TGI de Paris, auprès du JAF (le juge aux affaires familiales) pour que soit fixée la résidence principale de Thimeo chez moi et que le père ait une pension alimentaire à payer.

Le 13 juillet 2009, une première décision a été rendue par le TGI de Paris qui dit que : l'autorité parentale s'exercera conjointement ; la résidence habituelle de l'enfant sera fixée chez sa mère ; le père aura le droit de voir son fils en fonction de son emploi du temps et ses disponibilités certains week-ends et pendant les vacances scolaires d'une durée de cinq jours ; et condamne Julio à payer une pension alimentaire de 200 euros par mois pour l'entretien et l'éducation de son enfant.

Évidemment la procédure ne s'arrêtait pas là, il fallait que j'écrive au greffe du tribunal pour avoir ce que l'on appelle « un certificat de non-appel de la décision », nécessaire pour contacter un huissier et faire valoir le jugement auprès du père.

Autant dire tout de suite qu'il n'a jamais payé de pension alimentaire, même ces 200 euros qui ne représentaient rien pour lui ou sa famille. Les huissiers n'ont rien pu faire car il ne prenait pas les recommandés avec accusés de réception, et quand ils se rendaient sur place il n'ouvrait jamais la porte. Les enquêtes de voisinages des huissiers disaient pourtant que monsieur habitait bien à cette adresse. Cette décision n'a donc en fait pas servi à grand-chose...

Mais hors de question de se priver pour autant ! Je ne voulais pas que Thimeo pâtisse de ces difficultés et en août 2009, nous sommes partis pour son premier grand voyage, dix jours en République dominicaine dans le sud de l'île, côté Caraïbes.

On a nagé, visité les villages voisins en *guaguas*, les bus locaux… C'étaient de vraies vacances, loin des soucis. Il était petit mais je voulais lui faire découvrir des merveilles, le monde, des langues différentes…

Puis le quotidien a repris son cours…

Thimeo avait 4 ans lorsque j'ai voulu qu'il soit suivi par un psychologue pour pallier le manque paternel et que je puisse également me confier. Le premier rendez-vous avec le psy a eu lieu le 17 novembre 2009.

De mon côté je n'ai pas lâché Julio, j'étais en colère et c'était mon droit de vouloir que mon fils porte les deux noms de famille. Il a finalement compris que je le laisserais tranquille s'il m'accordait cela. Nous nous sommes donc retrouvés à la mairie le 26 janvier 2010 (j'avais fait attention de prendre un rendez-vous avant midi de sorte qu'il soit sobre) devant un officier public afin que Thimeo puisse porter nos deux noms…

Peu de temps après j'ai appris par Camilla que Julio avait changé d'adresse. Il avait dû être viré de l'appartement car il buvait beaucoup et qu'il avait cassé des murs à coups de poing et en fracassant sa guitare… Mais Julio retombe vite sur ses pattes et il s'était trouvé une nouvelle copine, Arielle, du côté de Montparnasse… J'en ai averti les huissiers mais là encore les portes restaient closes. Donc toujours pas de recouvrement de pensions alimentaires.

Il téléphonait quand même de temps en temps pour me demander des nouvelles de son fils. Il s'apprêtait à partir en Irak une nouvelle fois et disait qu'il voulait voir Thimeo avant son départ mais il ne venait jamais. Il me disait aussi qu'il allait payer la pension mais je ne voyais rien venir.

Un jour Julio a fini par passer à la maison. C'était avant un reportage en Afghanistan. Il était venu avec une bouteille de vin mais il avait l'air bien et j'ai décidé que je pouvais le laisser cinq minutes avec son fils, le temps d'aller faire les courses en bas. Je pensais que Thimeo serait heureux de passer quelques minutes seul avec son père… Quelle erreur ! Au moment de payer, je reçois un appel de Julio qui hurlait en me disant de rentrer tout de suite si je ne voulais pas qu'il laisse Thimeo tout seul dans l'appartement, que mon fils était un petit con. Je suis remontée à vitesse grand V et arrivée à l'étage, j'ai entendu dans l'escalier de secours des pleurs. C'était Thimeo qui m'a dit que son papa l'avait mis dehors. Je lui ai dit de rester là, le temps de rentrer dans l'appartement pour en chasser Julio. Thimeo a été long à consoler, il a fallu que nous sortions pour nous promener et prendre l'air... Quand je suis rentrée, je me suis aperçue que Julio avait dû boire la bouteille de vin en cinq minutes à peine.

Par la suite je suis devenue encore plus méfiante vis-à-vis de Julio, avec qui je n'ai plus jamais laissé Thimeo seul. Et comme souvent il ne venait pas quand il devait voir son fils, j'ai fini par décider de ne plus prévenir Thimeo pour éviter la déception et la tristesse que je lisais dans ses yeux à chaque désistement. Par exemple pour ses cinq ans, le 11 janvier 2010, son père devait venir fêter son anniversaire à la maison, mais il n'est jamais venu...

Nos échanges ont commencé à se faire uniquement par mail. Je savais, toujours par Camilla, que cela n'allait pas avec Arielle, qu'il pétait régulièrement les plombs et qu'il avait tout cassé chez elle aussi. Elle a fini par le virer de chez elle et Julio a trouvé une nouvelle petite amie, Béatrice, chez qui il a emménagé. C'était un véritable casse-tête car les procédures n'arrivaient jamais à l'atteindre, entre ses différentes adresses et le fait qu'il ne prenait jamais le courrier.

Professionnellement les choses marchaient par contre toujours pour moi. En 2010, j'ai fait un documentaire pour Infrarouge et France2 avec Jean-Michel Carré intitulé « Sexe, amour et handicap » c'était l'aboutissement de deux ans d'enquête. J'en étais très fière car je donnais la parole à des personnes à qui on ne la donnait jamais : les personnes handicapées qui souffraient de manque affectif et amoureux, et nous révélions, grâce aux témoignages que j'avais pu trouver, l'existence d'une profession qui existe dans certains pays européens, celle d'assistant sexuel. Par la suite on m'a confié d'autres sujets à réaliser : je devenais réalisatrice pour Endemol et l'émission « On a échangé nos mamans ».

Chapitre 7
Quand le sol s'effondre sous vos pieds

Nous avions avec mon fils un rythme de vie bien établi, malgré les soucis juridiques qui avaient fait passer Julio, à mes yeux, du statut de père à celui de géniteur. Camilla m'assurait qu'il m'avait réellement aimée, m'avait été fidèle quelque temps, qu'il voulait vraiment cet enfant avec moi… mais je restais dans l'incompréhension d'un tel comportement à notre égard et j'étais triste et peinée pour mon fils…

Cette relation m'a rendue très malheureuse. Je suis d'ailleurs restée célibataire presque toute l'enfance de Thimeo. Et puis entre le travail qui me prenait tout mon temps et mon fils, avec qui je voulais être les week-ends, je n'avais ni le temps ni l'envie de sortir rencontrer quelqu'un.

Mon fils, ce petit être plein de promesses, grandissait de jour en jour… Tout était nouveau avec lui et il rendait ma vie épanouissante… L'alcool à l'époque était très loin de mes pensées et de mes besoins. Je ne manquais de rien : j'avais un fils magnifique, je travaillais avec des personnalités, j'avais fait un documentaire et construit mon parcours sans l'aide de personne. Je voyageais beaucoup et j'avais en plus un bon salaire qui tombait à la fin du mois.

L'été 2010, Julio a tenu à me présenter sa petite amie Béatrice pour me montrer qu'il avait trouvé une certaine stabilité avec elle. Il souhaitait que Thimeo vienne passer une journée, voire un week-end chez eux et qu'il puisse le recevoir en même temps que Mélissa. Il avait envie de reprendre un peu son rôle de père. C'était un sursaut auquel je ne m'attendais pas, mais j'en étais heureuse pour Thimeo car je savais qu'il avait besoin et envie de voir son père et sa demi-sœur. Comme Béatrice m'a paru posée et Julio un peu plus stable, j'ai voulu laisser de côté mes appréhensions pour ne pas priver Thimeo de ces retrouvailles.

Je lui ai donc permis d'aller chez son père et Béatrice, d'abord quelques après-midis. Puis comme mon fils avait l'air d'être content de ces moments, j'ai ensuite accepté qu'il aille y passer des week-ends…

Quand je venais chercher Thimeo le dimanche soir il était à peine dans la voiture qu'il s'endormait immédiatement, du coup je ne savais pas grand-chose de ce qu'ils faisaient. Ils allaient au restaurant, recevaient des amis le soir… et Thimeo jouait avec sa sœur, c'est à peu près tout ce que je savais. Je me doutais seulement qu'il se couchait tard.

En janvier 2011, j'ai appris par Camilla que Julio était parti trois semaines en maison de repos à la clinique très huppée du Château de Garches… J'étais assez étonnée, mais j'ai vite su que c'était pour un sevrage à l'alcool, ce qui était une bonne chose. À son retour cette cure semblait lui avoir fait du bien, il avait l'air plus apaisé et cela me rassurait.

Dès février, Thimeo a donc recommencé à aller passer des week-ends chez son père, il voyait même son grand-père Carlos avec Béatrice et Mélissa. Mais, rien à faire, je le récupérais de plus en plus fatigué et je ne comprenais pas pourquoi.

La dernière fois que Thimeo s'est rendu chez Béatrice avec son père et Mélissa c'était le week-end du 27 au 28 mai 2011. Après, il y a eu une catastrophe que j'ai apprise par Camilla : Julio avait fait sa première tentative de suicide, par pendaison… Ils venaient de se disputer fortement et Béatrice était partie au commissariat déposer une main courante. Elle l'a trouvé en rentrant. Il avait rechuté et il n'était donc plus question de laisser Thimeo avec son père.

Le dimanche 6 novembre 2011, alors que Julio était absent depuis longtemps, Mélissa m'a téléphoné pour me demander de passer la journée avec nous. Je suis allée la chercher et nous avons déjeuné à côté du jardin du Luxembourg, avant d'aller nous promener. Quand elle a su que nous venions d'adopter un chat, elle a voulu venir à la maison pour le voir. Arrivés chez nous, c'était la fin de la journée. J'ai laissé les enfants jouer dans la chambre de Thimeo, et je me suis mise à préparer le repas.

La porte de la chambre était fermée mais je suis allée, sur la pointe des pieds, écouter si tout allait bien. Je suis retournée à mes fourneaux jusqu'à ce que la grand-mère de Mélissa sonne pour venir la chercher.

Thimeo et moi nous sommes alors mis à table et je lui ai demandé s'il avait passé une bonne journée et à quoi ils avaient joué dans la chambre.

Il m'a d'abord dit qu'ils avaient joué aux espions… Puis quelques secondes plus tard Thimeo a eu un mouvement de recul sur sa chaise et m'a dit : **« Maman, je t'ai menti ; on a pas joué aux espions, Mélissa m'a demandé de lécher sa zézette. »** Quel choc **!!!**

Je n'ai pas mis sa parole en doute un instant, « zézette » c'est un mot que je n'avais alors jamais prononcé de ma vie. Le sol s'est dérobé sous mes pieds. Catastrophée j'en ai parlé à mes parents, à Camilla. Je n'en ai pas dormi de la nuit.

Le lendemain je devais commencer un nouveau travail pour un mois, dont dépendait mon intermittence, mais autant dire que je n'avais pas la tête à ça. Dès le matin j'ai téléphoné au psy avec qui nous avons eu rendez-vous le soir même. Thimeo lui a tout raconté et le psy m'a dit qu'il ne fallait plus qu'il voie sa demi-sœur, que je devais en parler au plus vite au père.

J'ai donc donné rendez-vous à Julio dès son retour de tournage, dans un café à côté de Réservoir prod, à la porte de Saint-Cloud, entre midi et deux. Je lui ai dit : « Écoute il faut que je parle de quelque chose de très important. Il s'est passé des choses très graves entre Thimeo et Mélissa… » Mais Julio n'était pas dans son état normal. Il est resté sans voix et n'a rien voulu entendre, il m'a dit qu'il allait en parler à Michelle et à Mélissa, puis il est parti.

Finalement le seul retour que j'ai eu de lui, c'était que j'étais folle. Moi qui faisais en sorte que cette histoire avec Mélissa se règle en famille, je suis donc allée, en novembre 2011, au commissariat de police pour porter plainte contre Julio pour abandon de famille, non-paiement d'une pension alimentaire, et demander que Thimeo n'aille plus chez son père... Je me suis tournée vers la justice pour qu'elle protège Thimeo....

Cela a donné lieu à une condamnation contre Julio le 14 décembre 2011 devant le Tribunal correctionnel de Paris. Évidemment, il n'a pas reçu la citation à comparaître, le jugement qui a eu lieu par défaut disait ceci :

> « Attendu qu'il ressort des éléments du dossier que le prévenu ne s'est effectivement pas acquitté de ses obligations au cours de la période visée dans la prévention en sorte que le délit de famille est établi en tous ses éléments... Le tribunal estime qu'il y a lieu de le déclarer coupable des faits qui lui sont reprochés et d'entrer en voie de condamnation en prononçant à son encontre une peine de 6 mois d'emprisonnement compte tenu de son casier judiciaire, <u>de la grande désinvolture de monsieur et des propos tenus devant les services de police démontrant un total désintérêt à l'égard de ses obligations familiales... »</u>
>
> « Sur l'action publique déclare Julio X coupable pour les faits d'abandon de famille : non-paiement de pension alimentaire pour les faits commis du 13

juillet 2009 au 9 avril 2010… Condamne Julio X à 6 mois d'emprisonnement. »

Et à payer des dommages et intérêts à la partie civile que j'étais. Je n'ai demandé le certificat de non-appel correctionnel qu'en 2012 car mon but n'était évidemment pas qu'il aille en prison. Je voulais simplement que Thimeo n'ait plus à aller chez son père, et recevoir ma pension alimentaire.

Comme je sentais que mon fils allait mal j'ai téléphoné à un ami journaliste qui avait travaillé sur ce genre de problématique pour que Thimeo puisse s'ouvrir à une personne de confiance et que j'en sache un peu plus. Après avoir parlé longuement avec Thimeo cet ami m'a confirmé que mon fils disait bien la vérité. Ce qu'il m'a appris de plus c'est que cela durait depuis un moment, que si cette journée avec Thimeo et Mélissa à la maison n'avait pas eu lieu, les choses auraient pu continuer encore longtemps… En fait, lorsque Thimeo allait passer la nuit chez son père, celui-ci laissait les deux enfants dormir dans le même lit avec une tablette. Mélissa forçait Thimeo à faire toutes ces choses en lui disant de se taire, en le menaçant de le faire dormir par terre sur le carrelage froid s'il disait quelque chose.

C'est bien la preuve que mon fils et moi avions une véritable relation de confiance pour qu'il me parle ainsi. Il sentait que ce n'était pas normal. Julio lui s'en foutait il était reparti en tournage à Los Angeles, puis en Syrie avec Béatrice.

Le 8 février 2012 (Thimeo avait eu sept ans un mois plus tôt), le psy m'a dit qu'il hésitait à faire un signalement… Je crois qu'il avait peur de la réaction de l'autre famille et nous avons arrêté de voir ce praticien par lequel je ne me sentais pas du tout épaulée, et qui n'aidait pas mon fils.

Le jeudi 8 mars nous avons donc eu le premier rendez-vous avec une nouvelle psychologue spécialiste en EMDR[1], une méthode que l'on m'avait conseillée qui pouvait apparemment soulager les traumatismes.

On y allait au début deux fois par semaine. J'assistais aux séances et je dois dire qu'elles étaient aussi éprouvantes pour Thimeo que pour moi. J'ai découvert tout ce dont mon fils avait été victime car la psychologue lui faisait revivre les scènes par mimétisme. Elle se servait de voitures pour représenter Thimeo et sa demi-sœur, et faisait intervenir une voiture de policier pour protéger Thimeo… Une fois cela fait, elle lui demandait de laisser s'exprimer sa colère, il se mettait alors à pleurer, puis elle l'invitait à se plonger dans une colère folle, à tout casser dans la pièce, à balancer des coussins dans tous les sens. Thimeo sortait de ces séances épuisé et moi aussi…

Il comprenait que ce qui c'était passé était grave. Et moi je découvrais les scènes qu'il avait vécues.

---

1. Entre l'hypnose et la thérapie cognitive et comportementale, l'EMDR est une thérapie psycho neurobiologique basée sur la stimulation sensorielle. Recommandée par l'Organisation mondiale de la santé, elle aide les patients à «ranger» leurs mémoires traumatiques en cas de stress post-traumatique. Cette technique surprenante est venue en aide à beaucoup de rescapés des attentats du 13 novembre 2015.

Suite à tout cela, le mercredi 14 mars 2012, alors qu'on s'apprêtait à dîner, je lui ai dit :

– Thimeo, je sais que tu souffres, que tu ne vas pas bien, mais j'ai fait tout ce que j'ai pu, j'ai parlé à ton père, qui a parlé à Michelle… On voit la psy… Mais tu vois, rien ne se passe… La seule chose que l'on peut encore faire c'est d'aller voir la police.

Il m'a répondu tout de suite :

– Maman on va voir la police.

– OK. Si ça peut te soulager, te faire du bien, on y va...

On est partis main dans la main au commissariat du 15ᵉ. Il n'était pas loin de dix-neuf heures trente quand nous y sommes arrivés, après avoir marché vingt minutes dans la nuit… Au policier venu nous demander pourquoi nous étions là j'ai répondu : « Je viens avec mon fils pour porter plainte pour inceste. » À ces mots nous avons tout de suite été séparés…

La déposition de Thimeo a été plus courte que la mienne. Quand il est venu me rejoindre dans le bureau où j'étais, il s'est mis à côté du policier et m'a regardé en me disant : « Maman, maintenant je sais que tu fais tout pour me protéger !!! ». Je n'oublierai jamais cet instant. *J'en pleure encore de raconter cela.*

Le lendemain, jeudi 15 mars 2012 au matin, nous avons eu rendez-vous à la Brigade des mineurs, quai de Gesvres à Paris. Thimeo a été très courageux ; là encore nous y sommes allés main dans la main, plongeant ensemble dans l'inconnu de l'administration judiciaire. Il a été entendu par la chef de la brigade des mineurs, filmé… et son témoignage ne laissait aucun doute…

Au bout de quelques jours, Thimeo n'a plus voulu aller à l'école, il allait mal. Je lui disais que tout était entre les mains de la brigade des mineurs mais je ne savais plus que faire. Je ne travaillais plus, je ne parlais plus avec le père, les grands-parents paternels étaient inexistants. J'ai essayé de téléphoner en Colombie pour que la mère de Julio arrive à lui parler mais rien à faire, je me heurtais à des murs.

De plus, je me retrouvais dans une incompréhension totale. Des attestations demandées, celle qui était la plus importante pour moi était celle de Camilla, qui se prétendait être ma meilleure amie mais qui a refusé de m'en faire une car « elle ne voulait prendre parti ni pour l'un ni pour l'autre », entre le père et moi-même, là où il n'était question que de Thimeo. J'ai été profondément déstabilisée par sa réaction car je continuais à l'avoir au téléphone et à tout lui raconter. En fait étant corse elle-même, je pense qu'elle ne voulait pas de problème avec la famille de Julio, et je sais qu'elle était toujours en contact avec lui.

Chapitre 8
Comment l'alcool s'est immiscé dans ma vie

En plus de tout cela, en avril 2012, j'apprends, toujours par Camilla, que Julio a fait une seconde tentative de suicide chez Béatrice. Celle-ci a téléphoné aux pompiers et Carlos, le grand-père, a demandé un placement d'office à l'hôpital Henri-Hey, puis à Sainte-Anne. J'ai également découvert à cette occasion que cela faisait trois ans que Julio était suivi par un alcoologue de Sainte-Anne car on avait décelé en lui le stress post-traumatique des reporters de guerre (PDST).

Bien sûr je ne parlais pas de son père à Thimeo pour ne pas l'inquiéter... Le temps passait et mon principal travail consistait à le rassurer. Je passais mes journées à l'accompagner à l'école, à réunir les différentes procédures pour non-paiement de pension alimentaire, abandon de famille et à recueillir des témoignages.

C'est dans cette optique que j'ai pris contact avec Arielle qui, quand je lui ai expliqué la situation, a été d'accord pour me faire une attestation. Elle m'a raconté qu'elle avait viré Julio de chez elle car il avait tout cassé. Elle était également en contact avec Béatrice et elle m'a transféré avec sa lettre un mail de celle-ci qui lui disait être battue par Julio et avoir beaucoup souffert aussi.

Il était nécessaire pour la procédure de recueillir tous ces témoignages mais cela était long et éprouvant et s'ajoutait aux rendez-vous de Thimeo avec le psychologue et des miens, car j'en avais aussi besoin. Je restais en outre dans l'attente du coup de fil de la brigade, de la gendarmerie et des rendez-vous chez l'avocate.

Mais la vie continuait tant bien que mal, j'allais chercher Thimeo à l'école, je l'aidais dans ses devoirs, je préparais les dossiers… Puis mes soirées se passaient à ranger les papiers et à téléphoner, à faire des recherches sur internet… Moi qui étais pleine d'initiatives positives, combattante sur tous les fronts, j'ai découvert, douloureusement, ce qu'était l'attente de toute cette affaire.

Le mercredi 23 mai 2012, j'ai redéposé une requête auprès du JAF pour protéger Thimeo. Le jugement du 6 juillet 2012 dit que : « *Il ressort des débats que M. Julio est actuellement suivi pour son addiction à l'alcool et son état dépressif. Il a d'ailleurs été hospitalisé à la demande de son père…* » En outre, suite à mon dépôt de plainte auprès de la brigade des mineurs et selon le témoignage de la psychologue qui souligne que l'examen clinique de Thimeo fait état d'une grande souffrance psychique en lien avec les agressions sexuelles dont il rapporte avoir été victime de la part de sa demi-sœur : « *Force est de contacter que la situation est préoccupante et que Thimeo âgé de sept ans doit rencontrer son père dans un milieu sécurisé.* »

Le juge ordonne également une expertise psychologique des parties, moi, Thimeo et Julio. Et réserve le droit d'hébergement du père.

Cette époque a été très difficile à gérer pour une autre raison : j'ai reçu des menaces tout à fait explicites de Carlos et de Michelle sur mon portable, qui m'ont glacé le sang. Conseillée par mon avocate j'ai donc déposé une main courante le 14 juillet 2012 :

> *« Je me présente à vous ce jour pour vous signaler les faits suivants : au mois de mars 2012, j'ai déposé plainte auprès de la brigade de protection des mineurs contre Mélissa, la demi-sœur de mon fils Thimeo, pour une suspicion d'agression sexuelle qu'elle aurait commise sur mon fils.*
>
> *La procédure est en cours de traitement par leurs services.*
>
> *– Je me présente ce jour dans vos services à la demande de mon avocate car je suis envahie de messages téléphoniques de la part de la famille de la demi-sœur de mon fils dont certains sont menaçants à mon encontre. »*
>
> *« Le 21/06/2012 à 17h17 Mme Michelle, la mère de Mélissa m'a laissé un message dans lequel elle me menaçait de venir chez moi et me disait que cela allait très mal finir. »*
>
> *« Le 13/07/2012 à 12h53 Carlos, le grand-père de Mélissa et Thimeo apprenant la plainte que j'ai déposée à l'encontre de Mélissa, m'a dit que je*

touchais là, à quelque chose de très, très sensible et que dans une famille corse on ne portait pas plainte pour ce genre de choses…

« Pour mon avocate, ces messages sont des messages d'intimidation et elle souhaite que je dépose plainte pour ces faits ».

(extrait de la main courante)

Une fois cela réuni, j'ai tout apporté à la brigade des mineurs et il ne me restait plus qu'à attendre. Attendre que tout le monde soit entendu et que la procédure avance, mais cela ne dépendait plus de moi. Attendre, toujours attendre. Je ne m'en sortais plus. Parce qu'en plus de m'occuper de Thimeo, des rendez-vous avec les psys, il a fallu se plier à l'expertise psychologique demandée par le juge, ce qui supposait beaucoup de déplacements et de disponibilités.

Alors le 19 juillet 2012, pour nous changer les idées nous sommes partis avec Thimeo à New York pour deux semaines. Nous avons visité tous les lieux emblématiques de la ville. C'était fantastique mais il était encore petit, j'espère qu'il lui en reste des souvenirs.

Puis ce fut la rentrée des classes en CE1 et la reprise des procédures et des rendez-vous…

Il ressort du rapport d'expertise psychologique du 16 novembre 2012 :

Pour Julio :

Il dit qu'il ne s'est rendu compte de rien, que sa fille nie… il parle de son suivi pour son sevrage alcoolique et dit avoir cessé toute prise de drogue depuis 3/4 ans. Il évoque une tentative de suicide et une mise sous placement d'office à Sainte-Anne en 2012…

Lorsque la psy entend Thimeo en présence de son père :

Thimeo s'adresse à son père et lui demande s'il boit toujours.

« Quand tu pars en voyage, j'ai toujours eu peur pour toi », Thimeo pleure. « Tu ne jouais jamais avec moi… »

Finalisant leur rencontre Julio propose à son fils de revenir chez Béatrice quand Mélissa ne sera pas là. « Je dirai à Mélissa de ne pas venir » mais Thimeo répond « Je veux que maman soit là. »

La psy note que :

« les conditions de fin d'examen où Julio devient extrêmement sthénique avec l'expert reprenant constamment ses propos et lui demandant de noter ce qu'il dit de manière très volontaire. »

Profil psychologique de monsieur :

est à l'examen extrêmement défensif et deviendra parfois agressif… Posture rigide et défensive qui recouvre cependant une grande fragilité psychologique… M. Julio nécessite des soins réguliers pour garantir l'encadrement psychoaffectif et le développement serein de son fils. Actuellement M. Julio n'est pas demandeur de soins réguliers et malgré ses hospitalisations, tentatives de suicide et des troubles connus il ne voit pas de psychiatre et n'entame aucune verbalisation autour des événements récents qui focalise en tant que père avec ses deux enfants… ainsi la simple réactivité de monsieur en présence de l'expert signe une attitude éducative préoccupante…

Me concernant :

De ses relations familiales, il ressort beaucoup de protection et de complicité. Madame ira parfois jusqu'à emmener Thimeo pour qu'il rencontre son père en s'occupant également de la fille de monsieur. Elle est navrée de voir le manque d'interaction relationnelle entre eux. Elle remarque que son fils Thimeo regarde chez son père des films pour adolescents alors que son fils a à peine 5 ans... Cependant elle s'adapte aux aléas concernant la santé du père de l'enfant pour que Thimeo ne soit pas frustré.

Profil psychologique :

Madame est à l'examen prolixe, très présente voire déterminée dans son discours. Elle est claire dans ses propos et montre des préoccupations naturelles envers son fils sur la relation particulière à son père mais également concernant les faits d'abus sexuels et la plainte en cours… Ses préoccupations en termes de protection et d'éducation sont étayées par la description du malaise de Thimeo « manque de confiance, il ne voulait plus aller à l'école, colères… »

Après enquête il semble impératif de séparer Thimeo de sa demi-sœur et considérer effectivement l'attitude maternelle comme adaptée.

Madame qui a toujours semblé avoir une attitude protectrice envers son fils …

Concernant Thimeo :

Interrogé seul très posé, l'enfant verbalise très correctement pour son âge marquant ici une certaine maturité intellectuelle.

Parlant de son père, il dira : « Je suis toujours un peu stressé quand je vais bientôt le voir. Dès que je le vois, je suis moins stressé et content mais ça se termine pas toujours bien.

Un jour, il m'avait laissé et il m'avait traité de tous les noms.

Quand je suis chez Béatrice, il s'occupe pas de moi, c'est Béatrice ou Mélissa, sinon personne s'occupe de moi.

Il ne me parle pas, je pense que c'est un homme qui va très mal par rapport à santé. Mélissa est habituée, moi, j'ai jamais été habitué. Moi j'ai peur... »

Actuellement : « Je me sens mieux parce que je me sens protégé de papa, de Mélissa et de tous ceux qui m'ont fait du mal en me blessant le cœur... Papa, soit il dormait, soit il buvait. »

Interrogé sur le ses activités avec son père : « rien »

Thimeo est un petit garçon qui présente une grande maturité. Indéniablement il a montré après la révélation des signes de détresse avant de pouvoir verbaliser correctement et de dépasser le mal-être dans lequel il se trouvait.

Conclusion... Madame s'est affirmée dans un rôle de protection maternelle et paraît détachée de l'imbroglio affectif qui la liait au père de l'enfant.

Pour monsieur il est nécessaire qu'il s'engage dans une prise en charge psychothérapique afin de se poser probablement autour des relations avec son fils les failles affectives qui le constituent au-delà même d'un simple PDST (syndrome de stress post-traumatique). Ses troubles liés au PDST majorent et témoignent d'une détresse probablement ancienne qui ne devrait pas influer sur la relation avec Thimeo....

Arrive 2013 et Thimeo a maintenant huit ans.

Le dernier jugement du JAF qui date du 28 février 2013 confirme que :

« Julio n'est suivi par aucun spécialiste malgré son lourd passé et une certaine « défaillance psychique du père »...

Pour que Thimeo puisse garder contact avec son père, cela se fera en visite médiatisée dans le cadre d'une association. »

J'ai donc pris rendez-vous avec une association qui se trouvait basée à l'autre bout de Paris pour que Thimeo puisse voir son père.

Tout ça pour que la première fois il ne vienne pas et que la seconde, alors que Julio devait être surveillé par le personnel de l'association, il profite d'une courte absence du personnel pour soulever la tête de Thimeo et lui dire de retirer sa plainte contre sa demi-sœur…

Quand j'ai su cela, j'ai immédiatement contacté l'association et j'ai suspendu les visites pour le bien de Thimeo. C'était trop, je n'en pouvais plus, je commençais à perdre pied. Et voilà ma chute : plus de papier à faire, tout dans les mains de la justice… J'étais fatiguée, usée et tellement pleine de tristesse pour mon fils...

Alors un soir en allant faire les courses avant d'aller chercher Thimeo à l'école, sans réfléchir, j'ai acheté une bouteille « d'herbe de bison », de la vodka. Inconsciemment je savais que boire allait me soulager du mal-être dans lequel j'étais plongée depuis trop longtemps. Comme je n'ai jamais aimé le vin ni la bière, je me suis dirigée vers la vodka, qui est un alcool inodore, et dont un seul verre suffirait à m'offrir un soulagement immédiat. Je devinais que cela allait éloigner quelques instants la peine profonde que je ressentais pour mon fils et moi-même. J'avais envie d'oublier toute cette période de tristesse et de souffance, ou au moins de les atténuer.

Une fois à la maison j'ai mis la bouteille au congélateur et je suis partie chercher Thimeo à l'école.

On a fait ses devoirs, il a pris son bain, puis je me suis mise à la cuisine. Je me suis servi un verre d'alcool aux environs de dix-neuf heures… Et là, j'ai immédiatement senti un énorme soulagement. Tout le poids de ce que nous vivions avait disparu et je me retrouvais enfin plus sereine, comme apaisée. Seule devant ce trauma qui était aussi un peu le mien, je n'ai pas vu le piège qui se dessinait.

J'ai commencé par un verre qui me donnait l'impression d'avoir le sourire et de voir la vie de manière positive avec Thimeo, d'être un peu plus dynamique et heureuse, drôle, de laisser les problèmes derrière nous.

Je me disais que cela lui faisait du bien de me revoir sourire, être rigolote, présente, de ne pas avoir constamment ce visage catastrophé par toutes mes préoccupations. Je mettais la musique, on dansait mais je ne faisais que cacher la misère et on ne peut pas tromper un enfant. Quand on est triste, on est triste.

Je ne me suis pas rendu compte de ce que je faisais, j'étais épuisée de toutes ces années de combats… Je voulais simplement poser les armes, me reposer pour continuer la bataille ensuite. Il fallait que je trouve un moyen de me soulager et je me suis dit qu'un petit verre ne pouvait pas me faire de mal… Voilà ma plus grosse erreur.

Chapitre 9
Une relation intime avec l'alcool

Pendant un moment j'ai réussi à maintenir notre rythme de vie : la sortie au square après l'école, les devoirs… On parlait de sa journée, puis au bain ! Ensuite on dînait, on allait lire une histoire, et au dodo avec un bisou et un « je t'aime »…

C'était une fois qu'il était couché que je prenais un deuxième verre, histoire de souffler un peu, comme une respiration de fin de journée. Je m'installais sur le canapé et je me sentais apaisée… J'arrivais alors à me dire que le plus dur était passé, qu'il fallait que je tienne pour Thimeo mais je me sentais vraiment très faible et abattue.

Puis rapidement, d'un verre je suis passée à deux. Puis à trois en faisant la cuisine... J'arrivais encore à faire illusion, sauf quand j'étais au téléphone et que je me mettais à parler de notre long combat juridique. Là je reprenais un verre et me mettais dans tous mes états… Je commençais à m'enfoncer dans l'alcool sans que personne ne le soupçonne, ne serait-ce qu'un instant. Pas même moi. On met du temps à comprendre que l'on est alcoolique…

On peut commencer à boire en journée, même en étant entourée de sa famille sans que personne ne l'imagine.

A posteriori je comprends pourquoi j'avais choisi la vodka, qui est un alcool blanc. Il ne sent pas fort et dans un verre, on peut croire que c'est de l'eau. Et puis l'effet de soulagement est immédiat. Au départ, un verre me suffisait mais il a fallu rapidement augmenter les doses...

Je pensais que j'arrivais à cacher mon état à mon fils en lui demandant d'aller dans sa chambre regarder des dessins animés ou en allant téléphoner sur le balcon pour ne pas qu'il m'entende. Je continuais à l'amener au square mais la vodka avait remplacé l'eau dans la petite bouteille que je prenais avec moi. J'essayais, en la buvant à petites gorgées de maintenir un subtil équilibre entre la sobriété apparente et l'illusoire bien-être que me procurait l'alcool. Je regardais Thimeo jouer, essayant de rester assez vive pour vérifier qu'il ne lui arrive rien. Nous rentrions ensuite à la maison où, tout en l'aidant à faire ses devoirs, je continuais à boire de petites gorgées d'alcool. Thiméo avait de bons résultats malgré les absences que lui imposaient les rendez-vous juridiques. Je tentais de mon côté de maintenir nos rituels, le bain, le dîner, les histoires, mais il dormait moins bien. Il devait sentir que je commençais à ne plus être la même et petit à petit, il a eu de plus en plus de mal à se réveiller et a commencé à ne plus vouloir aller à l'école. En réalité je crois qu'il savait très bien ce qu'il se passait pour l'avoir déjà vécu avec son père. Je n'ai fait que l'éloigner de moi en agissant ainsi.

Mais je ne le voyais pas, j'étais submergée par mes problèmes : les pensions alimentaires impayées, les maltraitances psychologiques du père, le deuil de cette relation, les dossiers à construire, les photocopies, les appels à faire, les démarches à accomplir, les changements d'adresse du père, la catastrophe de l'inceste, la peine de mon fils, les rendez-vous chez les psys, les associations... Je n'en pouvais vraiment plus…

Et en plus de tout cela je souffrais de ne plus pouvoir accomplir le métier dans lequel je m'étais totalement investie. Je me suis retrouvée du jour au lendemain au RSA… J'étais seule, j'avais besoin d'aide, mais je ne voulais pas accepter celle de ma mère, qui voyait bien que ça n'allait pas mais qui ne se doutait pas encore de la place qu'avait prise l'alcool dans ma vie. La famille n'est pas toujours la mieux placée pour mettre les mots sur ces choses-là.

Je n'allais pourtant pas réussir à faire illusion encore longtemps.

Un dimanche, alors qu'il faisait beau et que nous étions chez mes parents, j'ai voulu monter un porte-vélo que j'avais acheté pour montrer à mon fils que j'étais toujours là, enthousiaste et en forme, mais je savais que j'avais trop bu. Une fois le matériel presque placé, je me suis baissée avec mes cheveux longs et je me suis relevée trop rapidement : mon œil a tapé l'embout du porte-vélo. Je me suis fait très mal et j'ai été à l'hôpital pour vérifier que je ne m'étais pas trop abîmé la cornée… Évidemment Thimeo a eu peur pour moi et je sais que cela a été l'un des premiers signes flagrants que j'étais tombée dans l'alcool et que je n'arrivais plus à le cacher.

Peut-être que c'est justement à ce moment-là que j'aurais dû demander de l'aide à mes proches, que j'aurais dû consulter des professionnels, mais j'avoue que cela ne m'a pas traversé l'esprit… Je ne pensais pas que ça allait s'intensifier, je me disais encore que ce n'était qu'un mauvais passage, que j'étais plus forte que l'alcool, que j'allais reprendre le dessus.

J'étais en outre de moins en moins entourée, mes amis appartenant pour la plupart à mon réseau professionnel… Au téléphone ils me manifestaient de la compassion, mais ils entendaient à ma voix, à ma façon de parler, que je buvais. Ils ne m'ont pas fait de réflexion, mais au fil du temps, les appels se sont raréfiés.

Le cercle vicieux était bel et bien en place. Comme j'avais besoin d'oublier tout ça, je buvais tous les soirs… Tout cela était bien trop lourd pour mes épaules et j'étais en colère, oui très en colère de n'avoir pas pu ou su protéger mon fils.

Peut-être que cette histoire d'inceste concernant Thimeo m'a encore plus détruite car je savais ce que c'était de grandir sans reconnaissance de son statut de victime… Je me revoyais petite fille, assise contre la porte de ma chambre avec une bouteille de parfum à la main pour bloquer mon agresseur en lui balançant du parfum dans les yeux s'il osait pénétrer dans ma chambre : mon grand-père maternel avec lequel j'ai découvert le plaisir d'une manière pas naturelle. J'avais onze ans et cela s'est produit plusieurs fois avant que je ne réagisse. J'en avais parlé à mes parents qui, bien qu'ils m'aient crue, n'ont rien fait pour moi à l'époque, d'autant que mon grand-père a fait un AVC très peu de temps après. Alors je me suis construite en essayant d'en « faire mon cas », mais je ne me suis pas sentie protégée par ma mère. C'était une chose tabou à l'époque, tout comme aujourd'hui…

Quand j'ai grandi, que je suis devenue jeune femme avec ça dans la tête, j'aurais souhaité qu'il y ait une décision de justice… Car il n'est pas évident de se construire avec un tel passé…

Si je voulais depuis toujours éviter le pire à mon fils c'était bien celui-ci : d'être agressé sexuellement. Jamais je n'aurais pensé qu'une telle chose puisse lui arriver un jour… C'est pour ça que je ne pouvais pas rester sans rien faire. Je voulais qu'il soit « reconnu comme victime », qu'une enquête soit faite pour qu'il puisse grandir sereinement, se construire en tant qu'ado équilibré socialement et amoureusement, que personne ne puisse mettre sa parole en doute… Surtout que la famille de Julio me paraissait maintenant menaçante et dangereuse, pour mon fils et moi-même. Il fallait aller jusqu'au bout et tenir malgré tout…

Je ne savais pas dans quel enfer juridique cela nous embarquerait, les conséquences sur ma perte de contrôle, mon désarroi, ma tristesse infinie pour Thimeo et pour moi-même ; tout cela me dirigeant directement vers l'alcoolisme… Je n'ai pas vu que j'allais me noyer dans des verres d'alcool pour supporter tout ça et que j'allais perdre mon fils. Que mon fils allait perdre sa maman…

Je n'étais déjà plus un pilier pour lui. Certains soirs, Thimeo devait téléphoner à sa grand-mère pour qu'elle vienne le chercher à la maison et qu'il aille dormir chez eux. Cela a été très traumatisant pour lui…

Je lui mettais la télévision ou je lui disais d'aller dans sa chambre, de me laisser tranquille, mais il voyait bien que je parlais et pleurais au téléphone, sur le balcon… Tous les rituels du soir étaient perturbés, je n'arrivais plus à lui lire des histoires avec le ton dynamique et passionné qui était auparavant le mien. J'avais toujours un verre à la main et le téléphone dans l'autre, je m'éloignais petit à petit de la maman qu'il connaissait, c'est pourquoi il téléphonait de plus en plus souvent à sa grand-mère pour lui demander de venir le chercher.

Je me pose souvent ces questions :

– Pourquoi avoir commencé à boire alors que j'avais toute la confiance de mon fils ?

– Si je n'avais rien fait, aurais-je quand même bu de l'alcool ?

– Comment aurait-il grandi ? M'aurait-il reproché un jour de « n'avoir rien fait » ?

Le prix à payer n'a-t-il pas été trop cher ? Je pense que si… Enfin je ne sais pas…

Au bout de plusieurs mois, fin 2013, la brigade des mineurs m'a téléphoné. C'était la chef de l'enquête qui m'a dit que Mélissa avait tout reconnu et que Thimeo était bien une victime. Que cela avait été long parce qu'il avait été compliqué de faire venir Michelle qui ne voulait pas que sa fille soit entendue et que le père ne venait pas aux rendez-vous…

Comme Thimeo était dans son bain je lui ai demandé de rappeler dans cinq minutes pour qu'il entende cela d'une autre voix que la mienne, cela me semblait important que Thimeo l'entende de la chef d'enquête . Quand il a eu la dame de la brigade au téléphone, elle lui a tout dit : comme quoi c'était une petite victime et qu'il n'avait rien à se reprocher, que sa demi-sœur avait tout reconnu et qu'il avait bien fait d'en parler.

Thimeo a raccroché, et m'a dit **« tu vois maman, je suis content que tu m'as cru, tu as bien fait de me croire ».**

Là encore mon cœur a fondu… Mais les choses n'étaient pas réglées pour autant puisqu'il n'y avait pas de décision de justice et que j'étais déjà noyée dans l'alcool… Le mal était fait, et il fallait pourtant encore un jugement... J'ai reçu un papier pour aller en justice et me porter partie civile pour mon fils et moi-même mais autour de moi, on me le déconseillait, on me disait qu'il fallait arrêter de « remuer la merde ». Je savais que la procédure allait encore être longue et pour l'instant je n'avais plus assez de force, ou de courage pour cela… Mais ça allait venir.

L'alcool m'aidait à rendre cette souffrance supportable, il m'aidait à mettre mon esprit sur « pause » quelques heures.

2014

Chapitre 10
De la vodka du soir à la vodka du matin

Thimeo était en CE2, toujours à Sainte-Élisabeth. C'était un petit garçon très courageux, il faisait en sorte de tenir bon malgré toutes les tempêtes qu'on avait traversées. De mon côté j'essayais de prendre soin de lui aussi bien que je le pouvais avant l'alcool, mais j'étais passé du statut de pilier à celui de mère alcoolique. Je buvais tous les soirs, toujours plus… Presque une bouteille entière… J'arrivais même à me faire des bleus toute seule que je masquais avec le maquillage.

Mais au moins, quand je me couchais après avoir bu, je ne pensais plus à nos problèmes… Je buvais pour me remplir de courage, et je n'ai pas vu le danger arriver. Personne ne l'a vu, ou en tout cas personne ne m'a mise en garde : on ne pensait pas que je pouvais être alcoolique après tout ce que j'avais fait, tout ce que j'avais vécu. J'étais perçue comme une personne forte et courageuse mais c'était tout l'inverse, j'étais fragile et je puisais un semblant de force dans l'alcool. Quelle illusion ! Je me laissais transporter par ce mensonge et j'aimais ça.

Comme dans ce cercle vicieux je ne travaillais pas, que Thimeo était à l'école et les gens normaux au boulot, je m'ennuyais et je passais la journée à me poser des questions sur les procédures que je trouvais longues et éprouvantes. D'autant que je gardais en mémoire que toutes mes démarches pour la pension alimentaire restaient muettes : la CAF, le Trésor public… personne n'arrivait à toucher Julio.

Je laissais donc un peu de côté ma constitution de partie civile pour l'inceste. Je n'en avais pas la force.

Un matin, après avoir accompagné Thimeo à l'école, j'ai acheté une ou deux flasques de vodka chez un épicier en pensant les boire le soir mais ça été plus fort que moi : il n'était pas midi qu'elles étaient déjà finies…

À partir de ce moment-là, boire est devenu ma principale occupation, avec internet et la télé. Je ne faisais que ça de mes journées jusqu'à l'heure d'aller chercher Thimeo… Les week-ends, j'essayais de limiter l'alcool pour emmener mon fils dans les musées, au cinéma ou à Aquaboulevard... Je faisais en sorte d'occuper le temps de la meilleure façon, sachant que j'avais sans cesse en tête la vision du prochain verre que je pourrai boire en rentrant à la maison. Tout est rapidement devenu un effort et je commençais à ne plus ressentir de plaisir hors de l'alcool. Boire me donnait par contre l'impression que le temps passait, je regardais sans cesse les papiers mais je rangeais aussi, je cuisinais, j'écoutais de la musique, je dansais, je me changeais les idées… La maison était très bien rangée à cette période ! Et bien sûr, je rachetais de la vodka pour le soir… Trois flasques le matin, trois flasques le soir.

Puis je suis rapidement passée à la grande bouteille le matin, parce que c'est moins cher et que cela m'évitait quelques allées et venues chez les épiciers. Je gardais quand même toujours une flasque pour démarrer le lendemain. Pas de doute : j'étais bien entrée dans le cercle infernal de l'alcool… Je passais mon temps au téléphone et je délaissais mon fils, j'étais beaucoup moins à son écoute, moins bienveillante… De toute façon je ne l'étais plus pour moi, comment aurais-je pu l'être pour lui ?

Je voulais pourtant donner à Thimeo de l'espoir et lui faire comprendre qu'il avait une famille… Je me suis donc lancée dans l'organisation, pendant cette année scolaire et avec son accord, de son baptême.

Celui-ci a eu lieu le 20 avril 2014, à l'église Saint-Lambert dans le 15e où j'avais moi-même été baptisée. J'ai fait de mon frère le parrain de mon fils et de Camilla sa marraine et ce, malgré son passé de maîtresse de Julio. Elle avait été témoin de mon histoire avec lui et était devenue au fil du temps une confidente importante pour moi. Même si elle ne m'avait pas aidée quand Thimeo a été victime, elle m'avait fait croire à une amitié sincère et elle était bienveillante envers lui.

J'ai envoyé un simple mail à Julio pour le prévenir et lui dire qu'il était le bienvenu pour le baptême de son fils. Il est venu et c'est finalement le seul et unique jour de la vie de Thimeo où il a été entouré de tous les membres de sa famille. Je ne parle évidemment pas de Carlos qui n'était pas le bienvenu ni de Mélissa… Le temps d'une journée tout le monde a mis les rancœurs de côté pour être autour de lui et le célébrer. Lui dire qu'on l'aimait et le lui prouver par notre présence. Lui montrer que notre l'Amour pour lui était le plus fort.

Je ne m'étais pas trop alcoolisée pour être bien ce jour-là. J'ai tout de même bu quelques flûtes de champagnes et un peu de vin, mais ce n'était pas de la vodka à 40 % !

Par la suite mon fils a compris avant tout le monde la réalité de mon état et il a demandé à sa mamie de venir le chercher à la maison un soir, puis deux… Cela s'est répété de plus en plus souvent car je n'avais plus un comportement normal. Je ne marchais plus vraiment droit… Quand j'allais le chercher à l'école je commençais de fausses conversations et je n'écoutais pas vraiment ses réponses… J'essayais de le rassurer, mais moi-même je n'étais pas convaincue…

Je revois ma mère, navrée de me découvrir ainsi devant la porte et Thimeo qui s'en va sans même me dire au revoir, sans me regarder… À part ça je ne me souviens de rien et pourtant cela s'est reproduit de nombreuses fois…

Boire tous les jours était devenue une routine bien appliquée. Je pensais à l'époque que les autres ne voyaient rien, mais je me trompais : en réalité les gens savent et ils se taisent. J'ai l'impression que l'on m'a laissée sombrer dans mon désarroi. Seule ma mère essayait de me parler mais nous étions trop proches… Il aurait fallu que cela vienne de l'extérieur. J'avais quand même un comportement tout à fait paradoxal, j'envoyais des signaux sur ma maladie tout en ne voulant rien entendre. Il fallait que j'aille jusqu'au bout de mon combat juridique, jusqu'au bout de moi-même...

Puis j'ai voulu déménager, je ne supportais plus la vie à Paris et son bruit. Il me fallait du calme, que je m'éloigne de cette effervescence qui me faisait tourner la tête.

J'aimais mon appartement mais il renfermait trop de mauvais souvenirs. Ce qui s'était passé avec Mélissa me frappait chaque fois que j'allais dans la chambre de Thimeo. Et comme mes parents avaient besoin d'argent, vendre l'appartement semblait la meilleure chose à faire. Je peux dire maintenant qu'il s'agissait en fait de la pire décision que je pouvais prendre : j'ai détruit mon statut et la vie parisienne que j'avais construite pour rentrer dans une vie de misère.

Chapitre 11
De la vodka du matin au besoin physique d'alcool

Je ne me sentais plus capable de faire le métier que j'exerçais auparavant : j'avais tellement de problèmes moi-même que je ne pouvais plus interroger les gens pour écouter et raconter leur histoire. Il était devenu inenvisageable de partir en tournage et de laisser mes soucis derrière moi. J'étais tout le temps fatiguée, usée, et sous alcool…

Rester à Paris ne me semblait donc plus nécessaire. Le logement que j'occupais se situait à un carrefour et le bruit y était infernal. Avec l'alcool j'étais devenue plus sensible au bruit et je ne supportais plus cet appartement où j'avais pourtant passé de merveilleux moments, dans lequel j'avais mis tout mon cœur. La chambre de mon fils était magnifique et faite avec amour mais elle était devenue à mes yeux la chambre du drame… et puis c'était aussi dans cet appartement que tout s'était dégradé : mon addiction, ma santé…

Tout se mélangeait, les problèmes s'additionnaient encore… Mes parents avaient pris un viager sur leur maison en région parisienne car, s'ils avaient travaillé toute leur vie en tant que commerçants, ils n'avaient presque pas de retraite et donc aucune liquidité. Vendre mon appartement était ainsi une solution.

Ma vie changeait et le cycle infernal de destruction continuait. Il fallait, quand je sortais dans la rue, que je longe les murs car j'avais peur de tomber. Tout ça pour aller chercher mes doses d'alcool… Je perdais la confiance de mon fils, je quittais Paris… Je n'étais plus la personne honorable et la mère bienveillante que j'avais été.

Avant l'été 2014, je me suis donc rapprochée de mes parents en banlieue, dans un appartement qui avait été difficile à trouver avec un dossier comme le mien : sans contrat d'embauche, intermittente du spectacle, mère isolée, le père qui n'a jamais payé sa pension alimentaire… J'ai quand même fini par trouver un meublé sans personnalité, dans lequel je n'arrivais pas à nous projeter mais qui était à cinq minutes de la maison de mes parents. L'école dans laquelle j'ai dû mettre Thimeo me paraissait froide… Je pense que lui-même était parfaitement conscient qu'une page était en train de se tourner... Rien de ce que j'avais construit pour nous n'existait plus. Ça ne pouvait qu'empirer. Tout me semblait glauque, mon statut avait bien changé. Et je ne pensais qu'à l'alcool.

Dès le matin je buvais un peu de vodka, puis j'accompagnais Thimeo à l'école, quand il était avec moi parce que je m'en occupais déjà si mal qu'il préférait souvent être chez mes parents. Puis j'allais rechercher de l'alcool pour la journée et le soir. J'en avais donc tout le temps à la maison et je buvais à tout moment… Je n'avais plus aucune envie de travailler, je dormais la journée et me reposais sur ma mère qui allait chercher Thimeo la plupart du temps.

C'était évidemment invivable pour Thimeo qui a dû apprendre à se préserver de sa mère et a dû beaucoup souffrir.

Pour qu'il ne soit pas en danger, j'ai pris la décision d'aller vivre chez mes parents avec lui. Je n'étais plus capable d'être réellement présente, de faire la cuisine… Je n'avais plus de force pour nous deux. Je n'en avais déjà plus pour moi-même. Personne n'était dupe : je me saoulais du matin au soir ; ma mère accompagnait Thimeo, et moi, dès que je me réveillais, je buvais. Mon rythme était devenu celui-là : supplier, boire, fumer, dormir, supplier, boire, fumer dormir, supplier….

J'ai encore en tête la première fois où j'ai dû supplier ma mère d'aller m'acheter une bouteille de vodka car je ne pouvais rien faire sans… C'était un matin où je m'étais réveillée, les mains moites, avec un mal de tête indescriptible et incapable de tenir sur mes jambes. J'ai alors fait valoir à ma mère que l'on luttait contre la gueule de bois avec un verre d'alcool, même si je savais pertinemment que les symptômes dont je souffrais étaient plus importants qu'une simple gueule de bois… Elle a essayée de me raisonner mais elle voyait que j'étais dans une telle souffrance qu'elle n'a pu faire autrement que d'accepter ce qu'elle ne voulait pas faire : aller me chercher une bouteille pour me délivrer de mon mal-être.

Il fallait toujours discuter longuement pour qu'elle aille me chercher de la vodka mais heureusement elle y allait quand même. On ne peut pas comprendre la souffrance que ressent quelqu'un qui n'a plus à boire alors qu'il est imbibé d'alcool, mais dans ces moments-là je ne pouvais même pas fumer une cigarette, tous les sons étaient multipliés par dix, mes mains tremblaient et mon rythme cardiaque était élevé aussi, je ne tenais plus debout, je ne pouvais ni dormir, ni rester éveillée… et dans cet état de manque il fallait encore dépenser une énergie folle pour avoir de la vodka !

Ensuite ma mère a essayé de cacher les bouteilles pour maîtriser ma consommation… Il n'y a rien de plus insupportable que d'être dépendant comme ça, qui plus est de votre mère, de devoir se justifier quand on ne peut rien dire d'autre que : « DONNE, j'en ai BESOIN ! » Je sais bien sûr à quel point elle devait souffrir quand elle me cédait mais à ce moment-là plus rien n'avait d'importance que de trouver à boire.

J'avais tout de même conscience de mon problème d'alcool et qu'il fallait que je fasse quelque chose… Une de mes premières démarches a été d'appeler les alcooliques anonymes. Cela n'a pas été très concluant car on m'a raccroché au nez plusieurs fois la nuit, alors que j'étais en pleine détresse et que je n'étais pas malpolie… Je n'adhérais pas à leur fonctionnement et n'ai ressenti aucune compassion. Les personnes sur lesquelles je suis tombée prêchaient la bonne parole mais n'entendaient pas ma souffrance. Je sais qu'ils ont aidé beaucoup de gens mais pour moi ce fut un échec complet.

Pendant l'été nous sommes partis pour la campagne dans la Nièvre, avec mon fils et mes parents, ce qui n'a pas changé mes habitudes : j'ai continué à boire en secret. Comme il y avait toujours une bouteille de vin de mon père qui traînait dans la cuisine, cela facilitait en plus grandement les choses pour moi.

Un jour alors que nous nous disputions et que j'étais passablement alcoolisée, j'ai voulu prendre la voiture pour partir en emmenant Thimeo. Mes parents ont été obligés de le cacher à la cave et ils ont fermé les grilles de la maison pour m'empêcher de sortir avec la voiture. Je n'ai pas pu prendre mon fils mais j'ai roulé à travers champs. Dans la voiture j'ai entendu mon téléphone sonner, comme c'était un numéro masqué, j'ai compris qu'ils avaient appelé la police qui essayait maintenant de me joindre. J'ai donc pris des chemins de traverse, puis je me suis arrêtée un peu le long de la route pour récupérer. J'ai ensuite conduit sur l'autoroute jusqu'à Paris en fermant un œil car je voyais double. Je ne sais pas par quel miracle je n'ai pas eu ou causé d'accident : je suis rentrée à la maison et me suis endormie dans mon lit.

Heureusement que mes parents avaient protégé Thimeo, j'étais devenue un vrai danger pour lui. Je ne pouvais plus ignorer que j'avais un vrai problème avec l'alcool. J'étais alcoolique, c'était un fait.

Chapitre 12
L'addictologue

Ayant conscience de mon problème avec l'alcool, je me suis tournée vers un « docteur de l'alcool ». Le premier que je suis allée consulter se présentait comme un ancien alcoolique. Il n'était pas dans le jugement, il me mettait à l'aise, en me parlant de lui, de sa séparation… mais je devais tout de même raconter une nouvelle fois mon histoire et je n'en pouvais plus…

Je le voyais une fois par semaine mais les seules choses qu'il faisait, c'était de me dire d'arrêter de boire, pour mon bien, et de me prescrire des médicaments… Je regrette de n'avoir jamais rencontré quelqu'un qui parlerait vraiment du problème de l'alcool. Je regrette aussi, bien sûr, de ne pas avoir entrepris des soins immédiatement, dès les premiers signes… bien plus tôt ! Alors que j'avais été le témoin privilégié des problèmes du père de Thimeo, je n'ai pourtant pas vu que je reproduisais ce que mon fils avait déjà vécu avec lui. Tout ça alors que je n'avais de cesse de vouloir l'en protéger !

C'est terrible à dire mais quand on est dans l'alcool, plus rien n'existe d'autre que ça et la prochaine fois où l'on pourra boire. Ni les docteurs ni le personnel hospitalier ne comprennent vraiment ce que l'on ressent… D'un point de vue clinique ils savent, mais ce n'est pas suffisant et il est difficile de trouver un psy compétent. En réalité c'est la vie que l'on a qu'il faut changer. Et pardonner à nos blessures, apprendre à vivre avec. Ça, on ne nous le dit pas assez.

Et puis cet addictologue était en bas de chez mes parents, dans une rue où se trouvait un épicier… J'allais seule à chaque consultation. Pendant les cinq minutes que durait le trajet je marchais en pensant à mes soucis et à cet épicier. Je me jurais de ne pas m'y arrêter sur le retour, je voulais guérir, dire non à l'alcool ! Je voulais m'en sortir ! Et puis je racontais ma vie une fois de plus et mon addictologue me disait qu'il fallait que j'arrête de boire pour retrouver une vie avec mon fils, qu'en ce moment je ne m'en occupais pas et qu'il me faisait la tête… Je pleurais pendant trente minutes dans son cabinet, je me confiais à lui de toutes les larmes de mon corps, je lui racontais toutes les misères par lesquelles nous étions passés, mon fils et moi…

Il me prescrivait des médicaments, mais en sortant de chez lui, mes sentiments, mes peines et mes douleurs étaient tellement là, exacerbés, que cela ne ratait jamais : je passais par l'épicerie et je prenais au moins trois ou quatre flasques, dont une que buvais immédiatement.

Je ne pouvais pas m'en empêcher : même si mon cœur et ma tête disaient non, mon corps lui en avait besoin. Ma tête et mon cœur ne décidaient plus. Mon cerveau se débranchait et je ne pensais plus qu'à l'alcool, à boire pour encore une fois tout oublier de ces souffrances.

Il est où le *déclic* ? Ce fameux *déclic* dont j'avais entendu parler dans des émissions sur les alcooliques, et dont me parlait le docteur. Ça ressemble à quoi ? Ça survient comment ?

Moi j'en étais à trouver des moyens de ramener de l'alcool à la maison, je cachais les flasques dans mon pantalon ou je les coinçais dans mes bottes… J'ai fait cela quelque temps pour éviter à ma mère d'aller en chercher pour moi. Au bout d'un moment, voyant que cela ne s'arrangeait pas, celle-ci s'est mise à m'accompagner chez l'addicto. J'ai donc dû la convaincre qu'il fallait que je m'arrête pour acheter de la vodka, j'ai réussi car elle voyait que physiquement c'était la seule chose qui me faisait du bien.

J'avais lu qu'on pouvait mourir si on était en manque d'alcool. Les professionnels se contredisent sur ce sujet mais ce qui est sûr c'est que l'état de manque est insupportable et bien réel… Palpitations anormales, sueurs froides, tremblements, pleurs, tout le corps tremble de l'intérieur, les bruits sont tous trop forts, on n'arrive plus à parler, on ne peut même pas regarder la télé, on ne peut pas suivre. On a vraiment l'impression qu'une mort est imminente. Puis au premier verre – un bon verre, pas une goutte ridicule – eh bien là tout va mieux… Tous les symptômes disparaissent.

Un jour l'addictologue a expliqué à ma mère que tant que je n'étais pas prête à arrêter, je trouverais toujours un moyen pour obtenir de l'alcool mais que cela pouvait être dangereux avec les médicaments. Il préférait que je boive jusqu'à ce que je veuille bien être prise en charge dans le cadre d'un sevrage. Nous avons donc parlé de ce qu'était l'alcoolisme. Il a expliqué que cela ne pouvait venir que de moi, que le manque physique était bien réel, et que même les médicaments n'étaient pas à la hauteur de l'alcool. Ma mère essayait de comprendre. Il m'a alors recommandé une clinique avec un étage spécialisé en addictologie. En attendant de l'intégrer j'avais l'autorisation de continuer à boire. Il a dit à ma mère : « Continuez à acheter de l'alcool pour votre fille tant qu'elle n'est pas prise en charge… Il vaut mieux faire cela que de faire des mélanges avec les médicaments et l'alcool… » Pauvre maman, je lui en ai fait subir des choses à elle aussi ! On se détruit et on détruit sa famille…

Bien sûr, on ne rentre pas dans ces centres immédiatement. On sait pourtant que l'on peut mourir de l'alcool rien qu'en tombant mais l'attente est de trois semaines pour un simple rendez-vous de préinscription et voir si l'on est apte à entrer dans le service. C'est trop long… Il peut arriver les pires catastrophes en attendant.

Nous avons finalement reçu un appel téléphonique pour un rendez-vous à la clinique de Saint-Cloud, à l'hôpital des Quatre villes, avec le responsable des entrées…

Mon Dieu comme c'était glauque ! Au rez-de-chaussée il y avait un pauvre arbre tout seul, un petit stand de café avec une dame pas très aimable… On aurait dit un hôpital sur le point de fermer… Et l'on ne comprenait rien à ce que disait le monsieur en charge des entrées… Je lui ai tout de même fait part de la situation critique dans laquelle je me trouvais et de ma motivation pour entrer en soin. Il m'a répondu que comme il n'y avait que vingt lits il fallait compter entre deux à trois semaines encore pour qu'une place se libère.

On est ressorties du bureau et les murs étaient gris, dégoûtants, c'était vraiment triste à mourir… À tel point que nous avons eu un fou rire nerveux avec ma mère ! Mais il fallait relativiser : si venir ici pouvait me faire sortir de l'alcool, alors j'allais prendre ce train en route vers la guérison !

En ressortant de là, j'ai acheté une bouteille de vodka avec ma mère à côté de moi… C'était censé être l'une des dernières. Je l'ai bue collée au siège de la voiture tellement j'étais en manque.

Après, avec le sevrage, mon corps ne serait plus en manque physique d'alcool… Une délivrance se profilait.

En attendant, nous sommes allées un matin voir le médecin de famille. J'ai insisté pour descendre de voiture et aller dans la salle d'attente le temps que ma mère se gare. En fait je savais qu'il y avait un supermarché où je pourrais acheter de l'alcool. J'y ai pris une grande bouteille de vodka que j'ai transvasée, en pleine rue, dans une bouteille d'eau. Arrivée devant le cabinet du médecin, c'est simple, j'ai bu les 75 cl en l'espace de deux minutes. Puis je suis allée dans la salle d'attente où ma mère m'a rejointe, et alors qu'on a attendait notre tour j'ai senti que ça commençait à monter…

Le médecin nous a reçues… et j'ai fait un coma éthylique. Je me suis évanouie dans son bureau et je me suis réveillée à l'hôpital Antoine-Béclère, à Clamart… Ma mère, les larmes aux yeux, me tenant les mains… Moi je voulais sortir, mais on a dû attendre longuement le médecin… Sur le retour j'ai supplié ma mère de s'arrêter pour acheter une bouteille, ce qu'elle a d'abord fermement refusé. Devant mon insistance, elle a ensuite téléphoné à un psy qui m'a fait une ordonnance à la va-vite… J'ai pris trois cachetons, mais dans ma tête je voulais de l'alcool et rien d'autre, je l'ai détestée à ce moment-là.

Par la suite j'ai commencé à promener le chien dans la rue et bien sûr j'en profitais pour aller chez l'épicier, je cachais à nouveau les bouteilles partout, dans mon pantalon, dans mes bottes… Je n'ai jamais arrêté de boire.

Chapitre 13
Premier passage dans un centre d'addictologie

Et le jour J arrive, au mois de novembre 2014.

Le jour où je rentre à l'hôpital pour ce qui devait être mon seul et unique sevrage. J'y allais comme on entre à l'hôpital se faire retirer une tumeur pour en sortir tout à fait guéri. Je n'ai pas vu Thimeo, qui était chez mon frère, avant de partir. De toute façon il m'évitait…

Nous arrivons donc à l'hôpital des 4 villes à Saint-Cloud. J'avais bu une flasque de vodka avant d'y aller, avec l'accord de mes parents. Il est en effet courant de boire avant d'entrer dans ce type d'endroit.

Le sevrage doit durer quinze jours et je le prends très au sérieux, je sais qu'il s'agit là d'une chance que je ne dois pas laisser passer.

Mes parents m'accompagnent dans ma chambre puis me disent au revoir. Nous sommes tous très émus, conscients de ce qui est en jeu.

J'ai une chambre individuelle, réduite au strict minimum : un lit, une table roulante pour les plateaux, un bureau et une chaise, une salle de bain avec les toilettes. Les infirmières inspectent mes affaires : prise de sang, prise de tension, une perfusion pendant deux jours et hop !, on me donne du Valium. Ça va déjà mieux.

Ici tout le monde se connaît et personne ne juge personne... On est tous passés par des situations critiques, quel que soit le produit. L'alcool est tout de même le grand vainqueur, il a touché tout le monde. Rapidement je sais qu'untel en est à son cinquième sevrage, qu'un autre en a fait huit et trois cures de six mois...

Nous sommes trois jeunes femmes au milieu d'une majorité d'hommes, de 25 à 55 ans en moyenne. Les jeunes femmes sont assez renfermées. L'une a été victime d'inceste et s'est mise à boire et à fumer du cannabis. L'autre, d'origine congolaise, buvait principalement du rhum. Elle change souvent d'humeur, se confronte aux garçons pour s'affirmer et taxe beaucoup de cigarettes. Les gens l'évitent car ils la suspectent de voler de la nourriture dans les chambres. Chez les hommes, les plus jeunes sont là parce qu'ils boivent des litres de 8.6 en plus de fumer du cannabis. Certains ont intégré le sevrage sur décision du juge. Pour les plus âgés il s'agit surtout de personnes obligées d'arrêter de boire à cause de problèmes de santé dus à l'alcool, principalement des cirrhoses à divers degrés...

Ce qui est déstabilisant c'est que sur la petite vingtaine que nous sommes la plupart n'en sont pas à leur premier sevrage... En plus d'être un décourageant, voir toutes ces vies détruites par l'alcool me fait peur. C'est comme ce fameux *déclic*... Il est où pour ces personnes qui rigolent d'être en sevrage ? Je ne décèle pas au fond d'eux une véritable envie de s'en sortir, parce que l'environnement dans lequel ils vivent... parce qu'ils sont allés trop loin... parce qu'ils aiment ça, l'alcool, la dope… Ils savent qu'une fois sortis de là, ils reprendront leur routine et leurs addictions…

Et puis on s'occupe d'eux ici et c'est vrai que dans cette microsociété ils se sentent exister un peu plus, ils se sentent considérés, ce qui n'est pas le cas dehors. Certains dépensaient tellement leur argent dans l'alcool qu'ils n'avaient plus les moyens de se nourrir correctement. Venir en sevrage signifie donc être pris en charge d'un point de vue médical et retrouver un rythme de repas. C'est un semblant de vie dans ce milieu médicalisé.

Si on ne boit plus dans ces centres, on fume par contre beaucoup plus. Il faut dire qu'il n'y a que ça à faire. Certains fument même des joints, d'autres s'échangent les médicaments et les fument.

Pour ma part j'essayais de garder un peu de distance en me concentrant sur moi-même et en me reposant un maximum… Mais très vite, seule dans sa chambre on s'ennuie. Ça va les premiers temps, quand tu arrives et que tu tiens à peine debout mais au bout de cinq jours tu tournes en rond. La journée est rythmée par la distribution des médicaments et des repas en plus des pauses cigarette. On a des rendez-vous quasi quotidiens avec le docteur qui passe dans chaque chambre le matin. On parle avec lui pendant dix minutes des analyses, du manque, de ce que l'on ressent, du traitement et des effets des médicaments, puis il ajuste le traitement en fonction de ce qu'on lui dit, de notre humeur. C'est le seul rendez-vous qu'il ne faut pas louper de la journée.

Lors de ce premier sevrage je trouvais les infirmières calmes et accueillantes, j'étais surprise de voir les patients rigoler et que tout le monde se tutoie… Il y a des éclats de rire la journée et des confidences le soir où l'on entend les personnes se lamenter sur leur sort. On partage certaines choses de sa vie et les conséquences que l'alcool a eues pour nous, ce qui nous a fait plonger, ce qu'on prenait, à quel rythme… On raconte ce que l'on veut. De toute façon il n'y a pas de honte à avoir, on est tous ici pour les mêmes raisons ou presque : l'excès d'alcool et d'autres substances pour certains.

On vient par contre tous d'horizons différents : moi, après avoir essayé d'être une bonne maman, de protéger mon enfant, d'avoir beaucoup travaillé et gagné pleinement ma vie, je me retrouvais prise en charge à 100 % et au RSA, avec mon fils dont mes parents, voulant le préserver au maximum de ma maladie, ne me donnaient que très peu de nouvelles...

Sachant tout cela, je n'avais pas envie de raconter une nouvelle fois mon histoire… Le tout dans ces rencontres c'est de ne pas trop se dévoiler, et d'en dire le moins possible… Si l'on reste un peu en marge, on ne vient pas trop t'embêter. Certains respectent les distances ou les moments de solitude désirés, et quand ce n'est pas le cas il faut tout de suite recadrer.

J'ai compris sur le tard que la thérapie se faisait surtout entre patients, qu'il faut savoir écouter car on en est tous arrivés au même endroit et que pour certains ce n'est ni la première ni la dernière fois. La thérapie est faite comme une préparation à la prochaine rechute. Comme si c'était un peu dans l'ordre des choses. Il faut dire que le produit qui nous rend malades est accessible partout, qu'il est presque impossible d'y résister et donc de s'en sortir…

Un jour une dame plus âgée est arrivée, elle en était à son sixième sevrage ici. Forcement elle avait honte et ne savait pas comment elle allait s'en sortir. Elle connaissait tout le personnel ainsi que le fonctionnement de la structure. Elle ne fumait que très peu mais sortait dans la cage d'escalier quand même pour prendre l'air. Elle savait que son parcours était sans fin et pleurait sans cesse. Dès qu'elle rentrait chez elle, c'était pour mieux rechuter, jusqu'à ne plus sortir et se faire livrer son alcool à domicile.

C'était une dame très bien, assez fine et élégante, qui habitait Versailles. Comme par miracle, elle n'avait pas la tête d'une alcoolique mais elle vivait seule, ses enfants ne voulaient plus la voir. C'était uniquement grâce à sa voisine, qui avait appelé les pompiers à plusieurs reprises, qu'elle était encore de ce monde. Cette femme ne voulait pas faire de cure car elle ne voulait pas s'éloigner de chez elle trop longtemps. Pour elle, seul le sevrage comptait. J'étais une des seules personnes à qui elle parlait car j'étais douce, calme, distante un peu aussi et elle sentait qu'elle pouvait se confier à moi. Je pense que cela lui a fait du bien de me confier son désarroi. Moi par contre je me disais que si une dame avec son expérience et son éducation n'arrivait pas à s'en sortir, cela allait être très difficile pour moi...

Il y a également des activités auxquelles on peut prendre part une fois par semaine : théâtre, dessin, groupes de paroles... Le problème, c'est que l'alcool attaque tellement les neurones que les articulations, les muscles, le cerveau n'arrivent plus à fonctionner normalement... Et puis disons-le, pour la majorité des malades ce n'est pas d'apprendre à faire des marques-pages ou des mandalas qui va les sortir de l'alcoolisme... Un jour je me suis crue en maternelle : on avait deux plaquettes avec des groupes d'aliments et des petites pastilles qu'il fallait bien placer dessus... Et les cours sur la nutrition c'est très bien mais une fois c'est suffisant. Avant et après chaque activité c'est la pause cigarette, on respire alors autre chose que les odeurs de l'hôpital, paradoxalement c'est là qu'« on prend l'air » !

Tous ces moments sont très importants mais je crois qu'on sait tous que ce n'est qu'un « aparté » dans nos vies... Un temps de repos pour le corps et pour l'âme, entouré d'infirmières bienveillantes... On sait que cela ne guérit pas le mal que l'on porte en nous et qui sera toujours là à la sortie du centre.

Je crois que c'est le suivi psychiatrique qui manque dans ces sevrages. C'est d'ailleurs aberrant que cette partie soit négligée, à croire que la société veut que l'on reboive… Et quand on voit le prix des chambres pour une nuitée dans certains établissements, il faut reconnaître que c'est un véritable business. D'autant que ces endroits ne désemplissent pas puisque les rechutes font partie intégrante de la maladie alcoolique, comme le disent les médecins eux-mêmes. Pour certains, c'est plus long que pour d'autres mais pour tous le cercle est infernal pour s'en sortir. Certains passent leur temps à faire des sevrages et des rechutes, cela devient un mode de vie assumé… Les gens mangent mieux que chez eux, ils sont entourés, il y a les médicaments et ils sont complètement pris en charge : ce rythme de vie peut leur convenir parfaitement… et tout ça aux frais de la sécu ! Le système est sans failles : on boit, on paye des taxes sur l'alcool, on va en sevrage ou en cure aux frais de la sécu, on reboit, re-taxes, on meurt, et hop, plus de retraite à payer !!!

Toutes les strates de la société sont là : des plus riches aux plus pauvres. Il y avait un ancien chef d'entreprise qui avait tout perdu et s'était mis à boire. Il venait en cure pour son épouse qui était encore à ses côtés. Un autre était tombé dans l'alcool petit à petit en buvant dans le cadre de son travail. Il passait son temps à dessiner et avait beaucoup de talent mais ne se mélangeait pas trop aux autres.

Les jeunes eux étaient principalement des jeunes sans travail qui occupaient leur temps à boire, dans les quartiers pauvres avec les copains sans penser aux conséquences pour leur avenir… De toute façon la plupart ne pouvaient pas réellement se projeter dans un bel avenir, avec déjà des casiers pour usage ou détention de stupéfiants, et parfois un passage ou deux en prison…

Alors oui, quel avenir pour eux ? Ils préféraient en rire et accepter leur destin, déjà écrit selon eux.

Quinze jours comme ça à entendre les histoires de beuveries de chacun… L'on crée de brèves affinités qui ne durent pas souvent, l'envie d'oublier ce mauvais passage étant la plus forte.

Pas question que Thimeo vienne me voir car ce sont des lieux interdits aux mineurs. Je ne l'avais pas non plus au téléphone car mes parents voulaient le protéger. Je ne sais pas ce qu'ils lui disaient de moi… La vérité je pense, que je me soignais…

Après le sevrage deux choix existent :

– Une cure d'un à six mois dans des lieux dont on a entendu parler lors des pauses cigarette et qui n'ont pas bonne réputation, qui sont trop éloignés et pour un traitement qui dure trop longtemps…

– Retourner chez soi, ce qui est dangereux car le réflexe de boire peut revenir très vite. Très très vite.

Pour moi la cure voulait dire encore être écartée de la société, de la vraie vie, de sa famille… Et si après quinze jours, mon corps n'est plus dépendant de l'alcool, les problèmes à cause desquels je bois, eux sont toujours là… Il me semblait que se soustraire à la société, pendant un ou six mois, n'y changerait rien. J'en avais assez. Je croyais en moi.

Durant ces quinze jours, une association d'anciens alcooliques est venue nous parler un soir tard. Ils ont à peine évoqué le cauchemar alcoolique mais ont plutôt insisté sur : « Qu'est-ce que c'est bon de vivre sans alcool ! » Ils disent « que cela ne leur pose aucun problème de voir les autres boire », « qu'un jour ils ont eu le fameux *déclic* »... et quand on essaye de savoir ce que c'est ce *déclic*, ils nous parlent de l'association, qu'il faut venir... Bref. Cela donne l'impression étrange qu'ils sont simplement contents de venir parler d'eux, qu'ils ne le font pas pour les autres... Ces réunions sont déprimantes pour ceux qui y assistent : il n'y a personne, les rares personnes qui sont présentes boivent leur thé sans manifester de réel intérêt... Et le discours de ces bénévoles n'est plus adapté à la population des centres qui a évolué. Les problématiques, le mode de consommation de l'alcool n'est plus le même...

Dans tous les cas moi le *déclic*, je ne l'ai pas eu à leur contact et je ne l'ai pas trouvé en sevrage !

Quand le sevrage est fini, on dit au revoir à tout le monde, on se connaît tous, on échange quelques numéros de téléphone (ce qu'il ne faut pas faire). On se souhaite bien du courage. Les bagages sont prêts de la veille, il faut faire les papiers, on se réveille à sept heures mais on ne peut pas partir avant dix ou onze heures... On espère ne jamais revenir et les infirmières vous le disent :

– J'espère que c'est la dernière fois qu'on vous voit !

– Oui, moi aussi !

Chapitre 14
De retour à la maison

De retour à la maison, début décembre 2014, ma rechute a été tout à la fois facile et inattendue.

Par hasard, j'ai retrouvé une bouteille pleine dans l'armoire de ma chambre… Ma mère avait pourtant fait le ménage, fouillé pour que cela n'arrive pas.

J'avais retrouvé Thimeo mais on n'efface pas plusieurs mois, années d'alcool en quinze jours... Il m'en voulait et je le comprenais, alors je m'efforçais de le laisser tranquille au lieu d'aller vers lui. Je savais qu'il fallait le laisser revenir vers moi, qu'il avait besoin de temps et de preuves, mais rien que de le voir me fuir m'a découragée et la tristesse ne m'a plus quittée. L'alcool a été le plus fort. À la vue de la bouteille je n'ai pas pu résister… La raison, l'amour de ses proches, leur déception si l'on recommence à boire… Tout cela disparaît, on n'y pense même pas un instant quand la case alcool dans le cerveau s'ouvre à nouveau. C'est inexplicable au vu des enjeux. Il y a aussi la notion d'interdit qui est excitante à franchir. J'ai appris plus tard que les spécialistes déconseillent de « fliquer » un alcoolique, pourtant à cette époque le moindre de mes faits et gestes était observé à la loupe… Et c'est vrai que réussir à tromper son monde, sa plus proche famille qui vous surveille, et obtenir de l'alcool, le boire, le cacher, en garder pour plus tard… On en éprouve une grande satisfaction ! J'attendais que mes parents aillent dans le jardin ou fassent les courses et j'allais rapidement dans ma chambre boire à une bouteille que j'avais cachée précieusement dans des endroits improbables comme derrière des cadres photos ou dans les capuches de mes manteaux…

Après ces quinze jours de sevrage, je me sentais mieux et mes parents m'ont donc laissée aller chez l'addictologue seule, mais je suis repassée par l'épicerie.

Cela s'est vite vu que je buvais de nouveau, et rebelote : en accord avec l'addictologue nous avons fait une nouvelle demande de sevrage. S'en sont suivies trois semaines d'attente et d'alcoolisme, de cauchemars pour mes parents, et pour mon fils qui continuait à m'éviter en allant souvent chez son oncle. Je l'évitais aussi car les symptômes de manque physique sont très vite réapparus. Je ne voulais pas qu'il me voie, incapable de prendre une tasse de café sans trembler si je n'avais pas ma dose de vodka. Ma mère rationnait mais c'était l'enfer… Je devais me justifier d'un besoin, vital sur le moment, et supporter les phrases culpabilisantes telles que : « cela ne tient qu'à toi »… Ah, si c'était si simple !

Il y avait mon fils, son père défaillant, Camilla que j'évitais d'appeler car je ne voulais pas qu'elle raconte ma vie à Julio… C'était le vide autour de moi, sauf l'alcool qui était toujours là, l'alcool sur qui je pouvais toujours compter.

Je me suis aussi rendu compte qu'il était nocif de rester en contact avec les personnes de sevrage ou de cure. Au début cela peut faire du bien mais très vite on reçoit des appels de personnes ivres.

Par exemple, quelque temps après mon départ, alors que je replongeais, un homme du sevrage me téléphone et me dit qu'il va super bien, qu'il est dans la forêt en train de promener son chien, qu'il est retourné chez ses parents à la campagne et que non il n'a pas rechuté, qu'il ne s'autorise qu'une bière de temps en temps.... Et puis suit un coup de fil à 23 heures, complètement saoul et triste. Je lui disais : « Écoute, ça me fait de la peine de t'entendre comme ça, mais je ne peux rien faire pour toi, je ne suis pas psychologue... » Cela produit un effet miroir très douloureux. En plus on ment sur son état, on cache sa rechute... Comment peut-on faire quelque chose pour l'autre alors que l'on est incapable de le faire pour soi-même ?

« Je me soigne, je rechute, je me soigne, je rechute... » Le parcours était bien enclenché et je ne savais pas comment m'en sortir avec cet alcool disponible partout, comme un remède miracle pour oublier ses problèmes.

J'allais à mes rendez-vous chez l'addictologue et la psychologue deux fois par semaine avant le deuxième sevrage qui devait commencer le 12 février 2015 au même endroit, à Saint-Cloud. Je continuais évidemment à boire et ma mère était la seule à supporter mon problème, à essayer de le comprendre et de faire preuve de compassion à mon égard. Je ne prenais pas les médicaments car je savais que le mélange était dangereux. Avec l'alcool il me semblait que je maîtrisais et l'effet était réellement immédiat. C'était ce dont j'avais besoin.

Trois semaines plus tard, je suis donc retournée à l'hôpital des Quatre Villes. Des gens étaient partis, d'autres déjà de retour, mais les problématiques, elles, sont toujours les mêmes : chefs d'entreprise, malades alcooliques qui doivent arrêter de boire pour leur foie. Et des jeunes perdus, plutôt fiers de leurs excès alors qu'à leur âge je me souviens que moi j'avais envie de mordre la vie à pleines dents.

Je baisse la tête, honteuse d'être à nouveau dans cet état et d'avoir rechuté comme on me l'avait presque prédit. Je retrouve les infirmières et le rythme recommence… La différence c'est que j'étais passée de l'autre côté de la barrière, et à la question « C'est ta première fois ici ? » je devais répondre que c'était la deuxième et cela n'étonnait personne…

Un sentiment de désespoir flotte dans l'air à cette réponse parmi les fumeurs… On ne détone plus dans le système, notre chiffre s'additionne, on fait partie des anciens.

Durant le sevrage on se pose des tas de questions tout en connaissant les réponses. Dans mon cas je savais que s'il n'était pas arrivé ce qu'il est arrivé à Thimeo avec tout ce qui s'en est suivi, je ne me serais pas mise à boire et j'aurais continué à exercer mon métier tout en m'occupant de mon fils tant aimé. J'avais également conscience que si ce nouveau sevrage allait permettre à mon corps de se reposer de l'alcool et de combler le manque en milieu médicalisé, ce ne serait pas la réponse à mes problèmes personnels…

Ils sont si importants, je suis tellement au fond du gouffre que j'ai à peine envie d'ouvrir les yeux… ou du moins d'y penser, d'en parler… J'observe, je prends mes cachetons, je dors et je fume. Assez des problèmes des autres, il faut que je pense à moi, que je me repose au maximum.

Alors quand on me propose une cure à Royan je remplis le dossier pour y entrer rapidement afin d'éviter toute rechute et essayer de m'en sortir vraiment. J'étais sevrée, donc sans manque physique d'alcool mais j'étais sous l'effet de puissants médicaments pour tenir.

Chapitre 15
Un mois pour se reconstruire ? Vraiment ?

C'est ma première cure. On est en mars 2015, dans une jolie maison bourgeoise, à Royan, à quinze minutes du littoral. On respire le bon air du large, de l'Atlantique.

Accueilli par le directeur de l'établissement, on doit signer une sorte de contrat moral par lequel on certifie être sevré. C'était mon cas : je n'étais que sous médicaments et je respectais le traitement.

Les grilles restent ouvertes mais pas question de faire l'imbécile : on ne peut sortir, accompagné par des anciens, que la deuxième semaine, puis tout seul la troisième et quatrième semaine… Si l'on est pris alcoolisé, et que les analyses le confirment on est exclu et l'on doit partir par le premier train. C'est arrivé à l'un d'entre nous qui est sorti le jour de son arrivée et est rentré bourré. Ce sont des anciens qui l'ont vu en terrasse et l'ont dénoncé… Il est parti le soir même.

Au mois de mars il faisait beau et il y avait beaucoup de monde en train de fumer dans le jardin devant le pavillon quand je suis arrivée. Tout ce monde me regardait, j'étais la petite nouvelle, c'était assez étrange. De mon côté je ne voyais que des âmes perdues, vieillies et abîmées par l'alcool ou autre. Pourtant en réalité ce sont les nouveaux qui sont tristes et déprimés, les anciens semblent être en forme et ont l'air heureux d'être là. Mais encore une fois, c'est une cure, ce n'est pas la « vraie vie ». On est écarté du reste du monde, protégé de nous-mêmes et de nos pulsions alcooliques.

On retrouve toujours les mêmes profils dans ce genre d'établissement, que ce soit de sevrage ou de cure, même si chaque histoire est différente. Les personnes qui étaient à Royan venaient d'un peu partout, de Lille, de Paris, de Bretagne… Comme en sevrage il y avait plus d'hommes, jeunes ou vieux, que de femmes… Et celles-ci étaient plus âgées. Leur alcoolisme s'était installé durant des années et aujourd'hui leur entourage familial les poussait à se soigner. Pour certaines leur santé nécessitait un arrêt total et définitif de l'alcool.

J'allais donc devoir passer un mois là, juste avec deux heures de téléphone par jour et pas de télé, seulement une bibliothèque. Pour se reposer c'est pas mal mais pour guérir, est-ce vraiment la solution ? Mais j'étais motivée et j'attendais avec impatience de voir ce que l'on allait me proposer… Il s'agissait d'une cure introspective, j'étais donc impatiente d'en savoir plus et de commencer le processus.

Nous étions deux par chambre et un code couleur nous était attribué selon notre date d'arrivée. Pour les repas les tablées étaient composées de deux anciens approchant de la sortie, de deux personnes arrivées il y a trois semaines, de deux arrivées il y a deux semaines et deux nouveaux arrivants. Cela permet d'être rapidement intégré et mis au courant du fonctionnement du centre. Encore une fois on sait tout, tout de suite et sur tout le monde : « Lui est là pour alcool, lui est là pour la came ». Mais en majorité les avis étaient plutôt positifs sur l'établissement et j'étais contente d'avoir choisi cette cure-là.

Le personnel est relativement restreint, ce sont les « curistes » qui mettent la table, préparent la salle de réfectoire, débarrassent, balaient la salle... On n'a pas le droit au téléphone portable la journée mais seulement deux heures après le dîner et avant le coucher... C'est à nous d'aller chercher les cachets et je découvrirai vite qu'il faut ruser pour être dans les premiers, sinon on doit faire la queue et c'est long. Le soir comme nous n'avions pas de télé, nous lisions ou fumions nos cigarettes accompagnées d'une tisane jusqu'à l'heure de se coucher.

La plupart étaient déjà venus ici et avaient prévu le coup, ils avaient deux téléphones, un qu'ils donnaient et un qu'ils gardaient. Là encore j'ai eu l'impression d'une véritable industrie, car, je le répète, les gens sont pris en charge par la sécu, par la mutuelle, et ils se retrouvent en cure entre potes, on leur fait à manger, on leur donne des médicaments, certains trichent avec le hash et l'alcool (les contrôles n'ont pas lieu tous les jours et quand on fait le tour du jardin, on découvre des cadavres de bouteilles...)

La cure avait cependant un but, nous avions des cours de PNL (Programmation Neuro Linguistique). C'est un ensemble de techniques de communication et de transformation de soi qui s'intéressent à nos réactions plutôt qu'aux origines de nos comportements. Elle privilégie le comment au pourquoi, propose une grille d'observation pour améliorer la perception que nous avons de nous-mêmes et des autres. Elle permet également de se fixer des objectifs et de les réaliser. C'est une boîte à outils, dont la clef réside dans le langage et l'utilisation que chacun de nous fait de ses cinq sens et de son corps.

Son but est de permettre de programmer et reproduire ses propres modèles de réussite. C'est très intéressant car c'est un travail introspectif. On sait pourquoi on est là : réfléchir et se remettre en question, comprendre pourquoi on s'est mis à boire. Trouver et avoir ce fameux *déclic*.

À chaque cours on se trouvait plus intelligent et instruit d'avoir pu apprendre des fonctionnements de notre cerveau et comprendre des réflexes avec l'alcool que l'on ne soupçonnait pas.

L'un des premiers cours rassemblait tous les nouveaux : douze arrivés cette semaine, dont je faisais partie. On nous avait attribué la couleur jaune.

Nous étions réunis dans une pièce où il fallait, un par un, que nous racontions notre histoire devant tout le monde afin que l'on se connaisse mieux, que l'on sache pourquoi on était ici et à quel niveau se situait notre alcoolisme. Cela était censé rester privé au groupe, soi-disant. Passons.

C'était triste et pathétique, toutes ces souffrances et ces problématiques liées à l'alcool dans une seule pièce, tous ces gens si différents qui n'avaient en commun que le réconfort qu'ils trouvaient dans l'alcool. On les croiserait dans la rue, on n'imaginerait pas…

Nous avions aussi des cours sur l'alcool, sur les maladies qui y sont liées. On se penchait également sur notre généalogie alcoolique pour étudier les différentes habitudes des personnes de notre famille et voir à quel degré elles buvaient de l'alcool… On s'aidait de graphiques pour voir la répartition des gens qui boivent autour de nous et de quelle manière afin de cerner à quel point l'alcool nous entoure. Cela permet d'éviter les pièges par la suite en analysant mieux les situations à risques. À ce niveau cette cure m'a vraiment été bénéfique puisque j'ai compris pas mal de choses sur ma famille. Je n'avais pas conscience qu'elle était si liée à l'alcool : mon grand-père était un grand buveur, mon père boit tous les jours, midi et soir… Les amis de mes parents aussi… Tout mon ancien entourage…

On sait que ce n'est pas bien de boire, mais une fois que l'on est dedans, c'est pourtant la seule chose qui vous fait du bien… On sait que l'on peut en mourir, mais tant que l'on n'a pas ce fameux *déclic*, c'est l'alcool qui reste la meilleure solution… Que l'alcool c'est mal, que ça détruit des familles on le sait déjà, et j'étais très bien placée pour savoir à quel point puisque je n'avais plus de lien avec mon fils, que mes parents protégeaient de moi.

Pour la dernière semaine à la cure nous étions quatre à vouloir déjeuner à l'extérieur. Ce déjeuner était un vrai test, on nous avait tellement parlé d'alcool que l'on avait peur de craquer !

C'était très bizarre, après l'enfermement, d'être livré à soi-même, même accompagné, quand on se sentait si protégés dans le centre. Je n'imagine même pas ce que cela peut être après une cure de plusieurs mois... Je crois qu'il ne faut pas rester trop longtemps isolé du monde qui continue à tourner, lui.

Par une belle journée ensoleillée, nous avons donc trouvé un bon resto, face à la mer… Une belle salle blanche, pure et stylée avec une très belle verrière… Nous avons tous commandé un plat, et pour les boissons c'était variable, jus de fruit ou « un sirop avec de l'eau, s'il vous plaît »… On était fier de nous, de ces quatre semaines passées.

Arrivent deux jeunes couples qui parlent avec le serveur. Quelques instants plus tard, celui-ci revient avec une bouteille d'eau… Quel bonheur de voir que l'on pouvait aller au restaurant et commander de l'eau comme d'autres jeunes le faisaient. Mais quelques instants après, ce sont des cocktails pour les filles et du whisky pour les garçons que le serveur a apportés… On a eu un sentiment étrange : ces bons moments nous étaient donc interdits ?! Pour toujours ? Rien que cette perspective était déstabilisante. Nous devions être différents à vie des autres qui eux pouvaient boire de l'alcool ? Cela a été une difficile prise de conscience.

Le *déclic* était encore loin… J'ai eu un sentiment de désespérance même si le pari de notre côté était réussi.

À la fin de la cure j'ai retrouvé mes parents qui étaient venus me chercher avec Thimeo. Il m'a vue en forme, mais il était un peu distant, méfiant, il ne comprenait pas pourquoi sa maman était malade.

Je n'ai pu faire autrement que de le présenter à deux dames qui étaient gentilles mais qui, même sobres, portaient sur elles leurs années d'alcoolisme. Je pense que Thimeo s'en est rendu compte. Il ne comprenait pas que je sois avec des gens comme ça et pourtant… C'était bien ma place à l'époque.

Il aurait fallu que je le retrouve en dehors de ce centre. Peut-être que nos retrouvailles se seraient mieux passées… Thimeo ne comprenait pas la maladie, il vivait l'alcool comme un abandon de ma part et il avait raison, car entre les périodes où, à la maison, j'étais sous alcool et où l'on s'évitait, et mes passages en sevrage et en cure, sa maman était toujours absente… Il n'avait qu'une ombre de mère plongée dans l'enfer de l'alcool. Thimeo ne pouvait pas comprendre. Ou bien personne ne lui a vraiment bien expliqué.

J'espérais que notre relation allait s'améliorer après cette cure, puisque j'étais en forme et redevenue moi-même… Mais le désarroi du passé ne s'efface pas si facilement dans la tête d'un enfant qui a été traumatisé et presque abandonné par l'alcoolisme de sa mère, jusque-là tant aimée.

Chapitre 16
L'expulsion corse

Je suis donc sortie en avril 2015 et, profitant des vacances, ma mère avait réservé pour nous quatre – moi, mes parents et Thimeo – une semaine dans un club pas très loin de Royan.

C'était censé nous permettre de tourner la page, mais cela n'allait plus avec mon fils… Il faisait la tête, ne voulait pas sortir et refusait d'aller avec les autres enfants… Et puis il y avait cette double autorité dans laquelle il a certainement eu du mal à trouver sa place, entre une mère qui sortait de cure et une grand-mère qui prenait tout à bras le corps depuis de nombreux mois… J'avais honte et j'étais sous médicaments, je n'ai pas osé ou su reprendre ma place de mère.

D'autre part c'est difficile de voir les autres boire devant vous au début et mon père ouvrait une bouteille à chaque repas… La douleur que cela me causait me faisait dire que le mal n'était pas parti. Je n'étais pas guérie et mon fils lui aussi devait sentir que je n'avais pas eu le *déclic*, même si je n'avais pas bu pendant cette cure, ni pendant cette semaine maussade et pluvieuse qui n'est pas arrivée à nous rapprocher ou à nous faire oublier nos problèmes.

À notre retour à Paris – *sevrée, cur*ée – malgré les tensions je faisais bonne figure tout en étant toujours triste dans mon cœur. Je savais et je mesurais le mal que j'avais fait à Thimeo, à mes parents et le temps perdu.

Je ne me revoyais pas vivre dans ce nouvel appartement et je savais que Thimeo ne voulait pas y rester seul avec moi … L'alcool a tellement brouillé mon esprit que je ne me rappelle plus si oui ou non nous avons essayé de nous y réinstaller. Ce qui est sûr c'est que nous sommes rapidement retournés chez mes parents et moi chez l'addictologue... et dans la foulée chez l'épicier...

Au début de l'été 2015, même si je continuais à boire je ressentais tout de même les effets bénéfiques de la cure : je buvais toute la journée mais moins et je tenais à nouveau l'alcool.

Les vacances d'été arrivant, Camilla nous a invités à passer deux semaines en Corse dans sa maison familiale.

Nous avons pris l'avion ensemble et arrivés là-bas nous avons été faire des courses au supermarché. Camilla avec Thimeo, et moi de mon côté. J'ai acheté deux trois choses nécessaires pour les repas et j'ai évidemment sauté sur l'occasion pour acheter deux bouteilles de vodka.

Je savais que la marraine de Thimeo était rêche, qu'on était sous son autorité de Corse et qu'ici non plus je n'aurais pas ma place de mère. Ça me mettait mal à l'aise, d'autant plus que lorsque Thimeo a été victime d'inceste,

Camilla avait été la seule qui ne m'avait pas fait d'attestation car elle ne voulait pas « prendre parti »… Elle ne s'était pas non plus intéressée à moi quand j'étais allée me soigner. Elle avait disparu des écrans de mon téléphone pour mieux réapparaître pour Thimeo… Je sentais que je ne comptais plus vraiment pour elle. Pendant dix ans elle avait pris la place d'une confidente de confiance mais quels étaient ses intérêts à elle ? Je ne m'étais jamais posé les bonnes questions jusque-là…

En Corse je ne me sentais donc pas à l'aise à ses côtés, en plus nous allions dans la maison de ses parents qui venaient de décéder quelques mois auparavant… Ce n'était pas très gai… Encore une fois l'alcool apparaissait comme la solution, il était là pour me donner le courage de rester et d'essayer de me faire accepter dans « sa communauté »… à laquelle elle ne s'était pas privée de parler de mon alcoolisme. Comment pouvais-je me sentir à l'aise et acceptée ?

C'était un petit village perché au flan d'une montagne, où tout le monde se connaissait. La maison a tout de suite été envahie des gens de sa famille qui avaient fait le ménage pour elle. Elle m'a montré ma chambre, qui était celle de ses parents… Sitôt seule dans celle-ci, pour « respirer » j'ai ouvert une première bouteille. J'ai bu comme ça pendant deux jours, à petites gorgées dès que je le pouvais, pour supporter ce séjour.

Un jour nous sommes allés à la plage, et Camilla a fait monter Thimeo devant, alors que j'étais sur la banquette arrière de cette petite voiture, encombrée d'une énorme bouée. Ma place aurait évidemment dû être à côté d'elle. Mais, elle qui n'avait jamais voulu être mère, j'ai senti qu'elle profitait de la situation et que Thimeo rentrait dans son jeu. Elle était si fière d'être la marraine du fils de Julio qu'elle usurpait ma place de mère en lui donnant des permissions qui auraient dû venir de moi.

Elle n'arrêtait pas de parler à Thimeo, j'essayais de prendre part à leurs conversations, de m'imposer mais ce n'était pas facile. Elle ne me laissait jamais seule avec mon fils, nous n'avons pas pu passer une minute tous les deux Il fallait qu'elle décide de tout et elle nous baladait. Elle me baladait...

Puis il y a eu un marché au village, j'y ai bu un ou deux verres de vin, et j'ai acheté une liqueur du coin que j'ai commencé à boire aussi. Thimeo s'était fait des amis avec lesquels il jouait, je suis donc rentrée pour me coucher, ce qui a dû mettre la puce à l'oreille de Camilla. Le lendemain elle a attendu que j'aille boire dans ma chambre pour me prendre sur le fait. Elle a alors fouillé dans mes affaires, trouvé les bouteilles et fait un scandale monumental... En quelques secondes tout le village était au courant. Sa démonstration n'avait pas pour but d'épargner Thimeo, qu'elle s'est d'ailleurs empressée d'éloigner de moi en l'emmenant dans une maison voisine. Je ne l'ai plus revu jusqu'à mon départ, je n'ai même pas pu lui dire un mot, m'excuser... Pourtant je n'étais que peine et souffrance. Je ne comprenais pas la réaction de cette femme qui s'était dit mon « amie ». Elle n'a pas mâché ses mots, on aurait dit que c'était ce qu'elle attendait et que je lui avais fait plaisir.

En maîtresse de maison, elle m'a chassée de chez elle, sans essayer de comprendre, de me parler, sans aucune compassion, et sans me proposer de deuxième chance. Elle m'a demandé de prendre mes affaires et m'a renvoyée par le premier avion en m'interdisant d'emmener mon fils, sous prétexte qu'il serait bien mieux en vacances avec elle qu'avec moi.

Et moi, son amie dans tout ça, la compréhension, l'empathie, le pardon ? Et ça, évidemment que non, cela ne sert pas de *déclic* non plus.

Cela a été une scission ; cette femme qui a joué un double rôle, couchant avec le père de Thimeo pendant des années, qui se prétendait être mon amie, qui a assisté à toutes mes désillusions, ma confidente… J'attendais juste un peu de chaleur et de compréhension, mais elle ne m'a jamais aidée. Je n'ai plus de nouvelles d'elle depuis cet été-là où elle a gardé Thimeo trois semaines. Elle refuse de me parler, ne me donne jamais de nouvelles de mon fils quand il est avec elle et ne fait rien pour que la famille se rapproche et s'unisse autour de Thimeo pour son bien.

J'ai fait de cette femme la marraine de mon fils mais la seule chose qui l'intéressait c'était d'avoir une incidence sur moi pour être proche de la famille corse du côté paternel. Quelques années plus tard, en décembre 2018, j'ai téléphoné au prêtre de l'église Saint-Lambert, où Thimeo a été baptisé... Je lui ai expliqué la situation, qu'il a très bien comprise, et il a retiré le nom de Camilla du certificat de baptême de Thimeo…

Normalement aux yeux de la loi, la marraine n'a de toute façon pas sa place dans des décisions de justice, mais en tant qu'avocate et grâce à son mari procureur, avec lequel elle ne vit pas d'ailleurs, elle a su gagner les faveurs des juges qui lui ont laissé une place de choix : elle a pu obtenir très rapidement des visites libres avec Thimeo et ce depuis son placement par l'ASE. Je n'arrive toujours pas à comprendre comment, au vu de sa proximité affective avec Julio et géographique avec l'agresseuse de mon fils (elle habitait toujours au-dessus de Michelle et Mélissa !), le juge a pu lui accorder un rôle aussi important auprès de Thimeo.

Mes parents me disent que mon fils ne sera pas dupe longtemps de ses manigances. Selon eux il ne lui est pas si attaché mais il est content de partir dans son village corse car il y a trouvé des copains avec lesquels il s'entend bien.

Thimeo ignore tout de ce que cette femme a été et est encore avec son père. Il ignore la confiance que j'ai eue en elle et les déceptions qu'elle m'a causées, hâtant un peu plus ma chute. Elle qui n'a jamais voulu être mère, s'est emparée de mon fils qui est aussi celui de Julio et je suis certaine que c'est la principale raison qui la fait s'en occuper ainsi : garder une place de choix auprès de la famille corse.

Chapitre 17
Fais ce que je te dis, mais ne fais pas ce que je fais

Été 2015, à peine partie, je suis donc revenue à Paris au bout de cinq jours.

À l'arrivée j'ai dû affronter le regard méprisant de mon père et peiné de ma mère… Comme mon père ne voulait pas me garder, il a fait appel à Chris, mon demi-frère qui habite à Sète, pour me trouver une cure dans la région. Et en attendant : interdiction de médicament, interdiction d'alcool…

Et me voilà avec mon père en pleine crise de manque en direction de Sète ! Nous sommes arrivés tard à la gare et à peine passés à table chez mon frère mon père me dit : « Tu m'excuses : si toi tu ne peux plus boire, moi je peux, et puis j'ai tellement mal à la gorge... » J'étais assise en face de lui, déconfite, pâle et vraiment en état de manque. Soi-disant pour apaiser son mal de gorge, il demande un whisky à mon frère… Mon Dieu ! Je sens encore l'odeur ! Je me voyais me lever, lui arracher le verre des mains et le boire tellement j'en avais envie ! Je voulais tout balancer, gueuler, je trouvais le supplice inacceptable… Je suis donc sortie en leur promettant que je n'irais pas loin. Mon but était bien entendu de chercher quelque chose à boire et je crois que j'ai trouvé une flasque ou deux chez un épicier. Je me suis baladée puis je suis rentrée. Je pensais à Thimeo, chez cette femme, je me sentais minable. Je n'avais plus rien à quoi me raccrocher.

Le lendemain nous avons fait plus d'une heure et demie de route pour rejoindre le centre… On est entrés et quand Chris a vu les énergumènes qui étaient là il m'a dit : « Gigi, on ne te laisse pas ici… »

Papa a approuvé, on a récupéré mes affaires et on est repartis. Du coup on est restés seulement trois jours à Sète. J'avoue que j'étais soulagée, même si je savais que ce n'était pas une solution… Je buvais moins, mais je buvais toujours. Un peu de vin qui traînait par ci, un alcool par là…. Je prenais tout ce qui passait, je ne loupais aucune occasion…

Je me souviens aussi d'une fois où j'étais encore en manque terrible d'alcool et où mon père devait m'accompagner quelque part. Je ne sais plus où car à cause de l'alcool, j'ai toujours des trous de mémoire… Nous étions en voiture tous les deux et comme mon père avait faim nous nous sommes arrêtés dans un restaurant… où il a commandé une bouteille de vin ! Je n'en pouvais plus. Alors qu'il buvait, je n'ai presque rien mangé, je suis sortie fumer à plusieurs reprises, et, comble de douleur, il a demandé au serveur de partir avec la bouteille de vin sous le bras ! Comme une souffrance démultipliée, l'incompréhension de mon père me faisait si mal… En plus du manque, je luttais pour ne pas tomber dans les pommes.

Mon père a soixante-dix-neuf ans et je sais que pour lui l'alcool est indissociable de la nourriture. S'il ne boit pas, il fait la tête et ne mange rien. Lui aussi est alcoolique, mais il ne s'en rend pas compte. Et même s'il m'a vu souffrir, il ne m'a jamais épargnée.

Par exemple, pour le Noël 2018, alors que je ne buvais plus du tout (et là j'étais définitivement sobre), il m'a demandé de m'arrêter chercher vingt-quatre bouteilles de vin pour les fêtes… C'est comme si l'on demandait à quelqu'un qui a arrêté de se shooter d'apporter de la drogue pour les autres… Il me semble que mon père aurait pu être un peu plus délicat. On aurait dit qu'il ne se souvenait pas de ce que j'avais traversé, dont il a pourtant été témoin…

Mais il faut dire que pour un parent voir son enfant se détruire, voire l'aider dans une consommation d'alcool pour ne pas qu'il aille plus mal, il n'y a rien de pire… Voir son enfant devenir un autre, la souffrance, la colère, le sentiment d'impuissance, alors qu'il y a tellement d'amour entre nous. Cela a dû être terrible pour eux… C'est aussi pour ça que j'ai du mal à comprendre mon père.

Mais je pardonne cette méconnaissance qu'il avait de la maladie qui l'a aussi beaucoup fait souffrir. J'espère qu'ils me pardonneront aussi, même si c'est surtout le pardon de mon fils qui compte à mes yeux.

Je voudrais tout de même dire aussi que cela arrange beaucoup de personnes d'avoir un alcoolique dans sa famille. Cela permet de ne pas réfléchir à sa propre situation. Et puis avec un alcoolique le temps passe vite, il faut s'en occuper, aller chez les docteurs, discuter pour essayer que cette situation se termine.

Chapitre 18
Mon Fils et l'ASE

Septembre 2015 ; pour la rentrée des classes Thimeo a laissé exploser toute la peine qu'il avait dans le cœur et toute la famille a été détruite.

Nous étions chez mes parents. Je n'avais pas bu depuis deux jours, j'avais vu le psy de ma mère ou un médecin et j'étais sous médicaments.

Ce matin-là j'ai essayé de réveiller Thimeo mais il n'allait pas bien, il ne voulait pas se lever. Pour l'obliger à aller à l'école, mon père et mon cousin Thomas l'ont tiré du lit avec violence, le traînant par les pieds jusqu'à terre. Mon fils, qui pleurait de toute son âme, s'est accroché à la fenêtre… Il a fait une véritable crise de nerfs. J'ai essayé de lui parler, de le consoler, je l'ai pris dans mes bras et nous sommes allés dans le jardin… On a fait un câlin mais son cœur restait triste et en voyant son désarroi j'ai pris la décision d'appeler les pompiers, que j'imaginais être dans l'empathie, car mon père n'en démordait pas, il fallait qu'il aille à l'école alors que la colère et la tristesse de Thimeo continuaient de plus belle.

Les pompiers l'ont vu et l'ont emmené à l'hôpital Antoine-Béclère où l'ASE est intervenue. Il l'ont gardé dix jours à l'hôpital. Sans que l'on s'en rende compte, la machine était en route : on me retirait mon fils. Il devenait un enfant placé par l'ASE dans une famille d'accueil, à Dourdan. Cela doit normalement se faire après entretien avec la mère mais je n'y ai pas eu droit, car selon eux mon fils avait fait une tentative de défenestration... Alors qu'il s'était simplement accroché à ce qu'il pouvait pour résister à mon père et mon cousin.

Pendant les dix jours que Thimeo a passés à l'hôpital, ils l'ont bien évidemment fait parler et mon fils n'a pas pu cacher que je buvais, que je faisais des rechutes, que nous étions principalement chez mes parents et qu'il ne voulait plus aller dans notre appartement, ni dans cette école...

Avec ma mère nous allions tous les jours à l'hôpital pour le voir et lui apporter des affaires... Et puis on nous a dit qu'il ne fallait plus venir : une ordonnance du TGI de Nanterre a été prononcée immédiatement pour un placement en famille d'accueil.

Quel gâchis ! J'espère tant qu'il arrivera à se remettre des traumas que moi puis l'ASE lui avons fait subir, et qu'il ne m'en voudra pas toute sa vie. J'espère qu'il y a une partie de son cœur qui comprendra mon désarroi et qu'il me pardonnera, qu'il comprendra un peu ce par quoi je suis passée pour en arriver là. Et que s'il n'arrive jamais à me pardonner, du moins qu'il arrive à se donner les moyens d'avoir une vie heureuse et épanouie. Je sais malheureusement que ce n'est pas le cas actuellement.

Thimeo a donc été placé de septembre 2015 à mai 2017, dans cette famille d'accueil de Dourdan en Essonne. Nous n'avions le droit de nous voir qu'une fois par mois en visite médiatisée : d'abord une heure, puis au bout de quelque temps on nous a accordé deux heures ensemble… Et comme ça passe vite ! Juste le temps de se serrer dans les bras, de lui donner des affaires, de lui demander comment il va… Mais peut-on vraiment partager et se retrouver quand il y a deux dames qui scrutent chacun de vos gestes, interprètent chacun de vos mots ? J'étais inquiète et curieuse mais je voyais que Thimeo ne pouvait pas me parler librement de ce qu'il vivait là-bas. L'ASE considérait qu'il était dans une famille « parfaite » alors qu'en réalité son quotidien n'était facile. Aucun contact n'était autorisé avec la famille d'accueil. Mon père, lui, y est quand même allé pour voir Thimeo, voir ces inconnus et savoir si son petit-fils était avec des gens bien… Bien sûr, l'ASE lui a reproché cet élan d'inquiétude et d'amour …

Moi qui avait interdiction de voir mon fils je profitais des rendez-vous fixés par son école pour y aller plus tôt et ainsi pouvoir le serrer dans mes bras quelques secondes, Cela déplaisait à Mme Minime, la « mère » de la famille d'accueil, de voir que je pouvais être là et voler quelques secondes auprès de mon fils. Je n'ai jamais ressenti de sa part de la bienveillance, de la compassion ou entendu un mot gentil… Mais mon fils était content de me voir et c'était là le principal.

Thimeo a été placé, mais dans les rapports de l'ASE déposés au Tribunal de Nanterre, à aucun moment il n'est marqué que c'était un enfant maltraité, négligé, sans affection ou que j'ai failli à son éducation. Il est décrit comme étant un enfant intelligent, ayant plein de capacités intellectuelles, sociable. Certes j'étais alcoolique, mais on ne place pas un enfant qui est entouré par une famille bienveillante, soucieuse de son bien-être, qui va à l'école et qui est suivi par des psychologues. Tout cela sans tenir compte du passé qui était le nôtre à Thimeo et moi.

Cette situation m'a encore plus enfoncée dans l'alcool. Pourquoi le juge ne m'a pas dit : « Madame, allez faire une cure de six mois et on vous redonne votre fils » ? C'est un système qui n'a pas les moyens de ses ambitions et qui a plongé Thimeo dans une certaine « maltraitance institutionnelle », pour reprendre les mots de l'un de nos éducateurs.

Puisque je n'avais pas le droit de le voir je lui écrivais, lui envoyais des colis avec des surprises à l'intérieur. J'ai pu lire après, dans les rapports de l'ASE, que j'écrivais à mon fils comme je le ferai à « un amoureux »… J'ai été littéralement écœurée de voir cela. On m'encourageait à lui écrire pour retourner cela contre moi ! On me reprochait de ne pas travailler mais les rendez-vous que l'ASE me donnait pouvaient tomber n'importe quel jour, toujours en journée. Quel employeur accepterait de voir son employé partir une après-midi par ci, une matinée par là ? Et mon fils était dans la même situation, il devait souvent rater l'école.

L'ASE ne prend pas vraiment en considération le bien-être de l'enfant, car celui-ci passe aussi par le bien-être de ses parents et je n'étais pas bien traitée. Les dames que je rencontrais étaient toujours dans le jugement, elles ne tenaient pas compte de tout ce que j'avais dû endurer pendant l'enfance de Thimeo pour le protéger. Elles ne voulaient m'accorder aucun crédit, elles essayaient même de réécrire notre histoire, avec leur propre interprétation... De quel droit faisaient-elles cela ?

D'autant plus que si moi je ne ratais aucun rendez-vous, je savais que ce n'était pas le cas de Julio, qui soit ne venait pas, soit partait avant la fin du rendez-vous, laissant son fils dans une grande tristesse.

Et le quotidien de Thimeo n'était pas drôle, il était placé dans cette famille avec deux autres enfants. Les parents du plus grand étaient toxicomanes et maltraitants et l'autre petite fille, dont l'un des parents s'était suicidé, n'arrêtait pas d'embêter Thimeo avec une histoire lourde également... Il n'était jamais tranquille car on lui faisait régulièrement faire des allers-retours, soit pour me voir (une fois par mois), soit pour voir son père, mes parents, mon frère, sa marraine Camilla... Sans compter les rendez-vous qu'il avait avec ces deux dames, seul, sans la famille.

C'était du non-stop pour lui. Ce rythme ne pouvait que perturber sa scolarité. D'autant que ces rendez-vous remuaient uniquement le passé, sans construire d'avenir possible au sein de sa famille. Le passé, la surveillance, les mensonges, une falsification de la vérité, et leur influence sur un enfant jeune contre sa famille : cela ne peut pas donner des rendez-vous positifs pour avancer. Et je n'ose pas penser au bourrage de crâne auquel il a dû être confronté quand on lui demandait sans cesse de raconter son histoire.

J'avais de mon côté fait une demande pour qu'il soit suivi par un psychologue ou dans un CMP (centre médico-psychologique), mais ces dames n'ont jamais répondu favorablement sous prétexte que la famille d'accueil n'avait pas le temps de l'accompagner, en plus de ce qu'elle devait déjà faire.

En 2016 Thimeo est rentré au collège et je n'ai pas non plus eu le droit d'assister à sa rentrée scolaire. Bien sûr, comme le rythme des rendez-vous ne changeait pas, il devait sans cesse rattraper des cours. Il n'était pas un enfant comme les autres dans ce collège et l'ASE a commencé à me dire que Thimeo devenait violent à l'école, qu'il se bagarrait, qu'il insultait la famille d'accueil.

De mon côté j'attendais les rendez-vous avec mon fils avec impatience, je continuais à m'alcooliser mais jamais quand j'allais le voir. Je faisais très attention à être bien, même si je savais qu'il lisait sur mon visage que je n'avais pas arrêté. Je voulais quand même que les rendez-vous se passent du mieux possible puisque l'on se voyait si peu. L'ASE, après m'avoir dit toutes ces choses sur mon fils, devant lui, attendait de moi que je le recadre. Alors qu'elle m'avait enlevé toutes mes prérogatives de mère, elle semblait me rendre responsable de l'éducation et du rythme de vie de mon fils, que je n'avais pourtant pas choisis. J'essayais surtout de comprendre son mal-être. J'aurais aimé être plus présente pour Thimeo mais dans cette situation que pouvais-je faire ? Je n'étais pas avec lui, je n'étais pas au courant des problèmes qu'il traversait. C'étaient eux qui étaient responsables de son changement de comportement et de ses actions. J'étais de plus en plus inquiète et je buvais d'autant plus entre deux rendez-vous.

Je vivais toujours chez mes parents, mais l'addictologue essayait de me rassurer en me disant qu'il avait connu une femme encore plus alcoolique que moi qui avait réussi à récupérer ses enfants. Il me disait tout de même aussi que ce système était un système qui brisait, broyait les enfants et la famille. Et je voyais bien que l'on préparait mon fils à nos rencontres, car c'était Thimeo qui me demandait quand j'allais retravailler, c'est lui qui me posait des questions et qui me parlait « du travail psychologique » que l'on devait faire ensemble. Les mots de l'ASE sortaient de la bouche de mon fils… Le rôle de l'ASE et du juge n'aurait-il pas été au contraire de m'aider pour que Thimeo puisse retrouver sa famille, sa maman ? Il faut croire que non.

Je n'étais plus que l'ombre de moi-même.

Je n'étais plus une mère heureuse qui aime et protège son enfant depuis longtemps.

Je n'étais même plus une mère puisque mon enfant m'avait été enlevé.

Un jour, j'apprends que Thimeo avait raté le bus du soir après l'école. Il avait dû traverser la forêt de Dourdan tout seul pour rejoindre le village où il habitait car la mère de la famille d'accueil ne pouvait pas venir le chercher et que le père ne voulait pas se mêler des enfants qui étaient sous la responsabilité de sa femme.

Ma tristesse a été si grande d'imaginer mon enfant seul dans ce bois que je n'ai rien pu faire d'autre que boire, pour atténuer la souffrance, pour oublier… On m'enlevait ma raison de vivre, et je buvais pour me sentir plus forte. Je voulais simplement guérir ma peine, mais en réalité je me noyais, moi et mon chagrin, avec mon meilleur ami, l'alcool.

Je n'avais plus mon fils. Le déchirement est indescriptible. Je hurlais de douleur au fond de moi.

Sauf quand je devais voir les dames de l'ASE ou lors de l'heure mensuelle où je pouvais enfin voir mon fils, le reste du temps se passait à rechercher de l'alcool. Je prenais la voiture, je changeais d'épicier, j'alternais, j'allais au magasin… Devant mes parents je prenais l'excuse de la promenade du chien et je continuais à cacher les flasques dans mon pantalon, mes chaussettes, dans mes grosses bottes, dans mon sac. Le scénario était toujours le même : j'en buvais une dans la rue en rentrant que je cachais dans un buisson. Quand on a fait le ménage, nous avons trouvé des bouteilles vides partout dans les placards, les gants, les capuches, les poches, les sacs, derrière des papiers… On n'imagine pas l'énergie que l'on dépense à trouver et cacher l'alcool… Sans compter que je buvais le vin de mon père, qui a même été obligé de mettre un cadenas à la cave et au frigo… Ça n'allait pas du tout…

Un jour les dames de l'ASE m'ont encouragée à porter plainte suite au résultat de la brigade des mineurs. Même si cela allait de nouveau tout remuer il fallait clore, tourner cette page pour Thimeo et moi… Alors c'est ce que j'ai fait, je me suis portée partie civile pour mon fils et moi-même… Une fois ma décision prise, je me suis heurtée à mes parents, mon frère, qui pensaient que j'allais de nouveau « remuer la merde » et que nous n'avions pas besoin de cela.

Pourtant, même si ça a pris du temps, c'est peut-être le meilleur conseil que ces dames m'ont donné… J'étais cependant encore loin de quitter l'alcool. Cela me replongeait au contraire dans les dossiers, les photocopies, les attestations, dans l'enfer de cette histoire.

Pour me rassurer je me disais que cela faisait peut-être du bien à Thimeo d'être à l'écart de la famille quelque temps et à cause de leur discours mielleux, j'étais loin d'imaginer ce qu'il vivait et ce que son père lui infligeait comme déception de ne pas venir ou d'écourter les rendez-vous. J'étais à mille lieues de savoir ce que Thimeo endurait. Il ne pouvait pas se confier, nous n'étions jamais seuls. Et le temps passait.

Plus tard Thimeo a fini par faire une fugue et a téléphoné à mon père pour qu'il vienne le chercher. Depuis 2017 mon fils vit chez ses grands-parents, avec une AEMO (Aide à l'Éducation en milieu ouvert). Nous nous sommes rapprochés tout doucement en 2018, au moment de Noël, mais il reste très en colère après moi et me reproche d'avoir gâché sa vie. Il refuse actuellement de me revoir. Évidemment il ne me pardonnera jamais de ne pas avoir eu une enfance comme les autres à cause mon alcoolisme.

J'ai quitté un enfant et je me retrouve face un à un ado qui ne va pas très bien.... Et même si j'ai l'autorité parentale, je ne peux rien faire. On ne peut pas forcer son fils à vous voir s'il ne le veut pas... On se retrouvera à son rythme, je suis là pour lui. Aujourd'hui que je suis sobre au plus profond de moi-même, j'essaye de le sauver, de l'aider, d'aider mes parents à accomplir des démarches...

Mais avant d'en arriver là, des années se sont passées où l'alcool est resté profondément ancré dans mon métabolisme.

Chapitre 19
Sur fond d'alcool, la rencontre !!!

Été 2016. Thimeo était placé depuis presque un an.

Pour les vacances, dans mon état de grande alcoolique assumé, je suivais mes parents sur l'île de Ré. Je n'aurais jamais eu la prétention, moi qui allais de plus en plus loin dans la destruction de moi-même, de faire ce rêve inimaginable… Faire la Rencontre qui allait me sauver la vie !!!

En attendant, le trajet en voiture était horrible car j'étais en manque d'alcool et que mon corps tout entier souffrait. Vous l'aurez compris, quand j'étais avec ma mère je pouvais boire un peu, mais en présence de mon père il n'en était pas question et il n'y avait donc pas d'antidote à la souffrance. La clim me faisait mal à la tête, je râlais, j'avais les mains moites, j'étais incapable de rester debout longtemps… Mes parents ne se sont pas aperçus que l'état de manque dans lequel j'étais était effroyable, ils sont même allés manger dans un restaurant d'autoroute sans me rapporter une bière… Les personnes non alcooliques sont incapables de savoir ce que l'on ressent quand on est en manque physique d'alcool. Je les ai attendus, à deux doigts d'aller voir les camionneurs garés à côté. Si je ne l'ai pas fait c'est seulement parce que j'arrivais à peine à tenir debout.

Arrivés au camping, mon premier réflexe a été de repérer où était le restaurant/buvette du camping. Et celui qui allait devenir l'homme de ma vie y travaillait.

Je suis donc arrivée, avec mon grand chapeau et mes lunettes noires, et après avoir dit bonjour j'ai demandé à acheter une bouteille de whisky. Je ne voulais pas un simple verre, j'étais en manque, il me fallait de l'alcool – une bouteille, et il n'y avait pas de vodka. Le patron du restaurant du camping était à l'arrière-boutique et c'est donc au serveur que j'ai eu à faire… Ce fut comme un flash, ce bel homme avec ses cheveux longs et soyeux, son élégance naturelle, son sourire ravageur, et surtout il a tout de suite été bienveillant et à mon écoute.

On s'est présenté. Il s'appelait Clément, et moi je lui ai dit, pas hautaine mais sûre de moi : « Je suis journaliste, je suis alcoolique, je veux une bouteille et j'ai le droit, je suis majeure et je serai une bonne cliente… »

Cela l'a fait rire… mais gentiment, pas de manière moqueuse…

Clément a donc tout de suite su que j'étais une grande buveuse. Il est allé voir son patron et j'ai fini par avoir ma bouteille. Je me sentais heureuse, parce que je savais que j'avais fait une belle rencontre et que j'allais en finir avec cette souffrance physique du manque dès la première gorgée.

Et en effet dès que j'ai eu ma bouteille je suis allée la boire aux toilettes du camping. Immédiatement, cela est allé beaucoup mieux, mes mains n'étaient plus moites, je n'avais plus mal au crâne, bref je revivais. J'ai caché la bouteille dans mon sac et suis retournée au bungalow, de bonne humeur, pour retrouver mes parents qui ne se doutaient de rien. Lors du repas au restaurant j'ai même osé commander un martini devant mon père. Il n'était pas ravi mais c'était comme ça ; ça ne le gênait pas, lui, de boire devant moi !

Thimeo lui était dans différentes familles d'accueil, puisque la sienne était elle-même en vacances. Nous n'avions aucun contact et j'en souffrais énormément. Je voyais les enfants dans le camping, et il fallait que je passe aussi par-dessus cette souffrance. Boire était, là encore, le moyen de supporter ces rires, ces visions d'enfants qui étaient heureux en famille, en vacances. J'étais dans un gouffre mais je voulais profiter de mes vacances moi aussi et retrouver un peu d'insouciance, ce qui allait être le cas grâce à ma rencontre avec Clément.

En tant que serveur il avait des moments libres et il jonglait parfaitement… J'étais éblouie par sa soif de vivre, sa bonne humeur, son humour… Je le rejoignais quand il était en pause et il m'apprenait à jongler, mais j'étais tellement saoule que je tombais. C'était drôle. Pitoyable mais drôle. Je faisais preuve de dérision à mon égard. Un soir, nous nous sommes donné rendez-vous à la plage à côté du camping. Il était venu avec des bières et je lui ai tout dit. Je lui ai raconté ma vie dans les moindres détails et sans détours : que j'avais un fils, qu'il était placé, que j'étais alcoolique depuis que Thimeo avait été victime d'inceste. Je lui ai également parlé de ma vie professionnelle d'avant… Ma franchise et mon charme l'ont fait craquer, nous nous sommes embrassés et nous n'allions plus nous quitter.

Très vite mes journées ont été réglées sur son emploi du temps. Pendant ses pauses, il se rendait au supermarché et il me rapportait des bouteilles de vodka, quelques bières qu'il gardait dans le frigidaire de sa caravane. Nous parlions beaucoup et nous faisions des câlins, nous allions nous promener sur le rivage. Quand il travaillait, je l'attendais dans sa caravane que je rangeais, ou je m'allongeais en écoutant de la musique et on savait que l'on vivait quelque chose de fort.

La rencontre avec Clément est importante car c'est « grâce » à elle qu'aujourd'hui je suis encore vivante et sobre… Je pense que je serais morte si je ne l'avais pas connu.

Quand j'ai rencontré Clément, il ne soupçonnait pas ce réel besoin physique et psychologique car j'avais l'alcool gai : je riais, j'étais drôle, vivante, amoureuse à ses côtés. Ensuite j'ai eu un côté destructeur dans notre relation en buvant toujours plus, avec le temps et les épreuves. J'étais sombre et triste.… Il ne s'attendait pas à ça quand on s'est rencontrés. J'allais lui en faire voir de toutes les couleurs mais ça, ni lui ni moi, ne le savions encore. Et grâce à lui, à son Amour, sa persévérance, j'allais me sortir de l'alcool... En attendant, on goûtait simplement au bonheur d'être ensemble et il me comprenait, comprenait mon histoire, mon parcours, ma souffrance et mes peines… Le patron du bar lui avait pourtant dit que je ne m'en sortirai jamais. Et je lui ai donné raison pendant deux ans. Clément m'a souvent reparlé de cette anecdote. Mais le patron avait tort, j'ai fini par m'en sortir. J'ai donné tort à tout le monde ! Clément, lui, a toujours cru en moi et je suis fière de lui, qu'il ait tenu le coup… Ça c'est une véritable preuve d'Amour…

Quand nous nous sommes rencontrés, mon ami connaissait déjà les ravages de l'alcool, car ses parents avaient tenu un bar. Des pochetrons il en avait donc connu mais pas des comme moi. Son père remettait tout de suite les gens à leur place. Clément pensait que j'étais alcoolique par désespoir, pour une période, mais pas en manque à ce point-là. Il ne connaissait pas la maladie alcoolique.

Un jour mon père est arrivé à la caravane, en disant à haute voix à Clément, « j'espère que t'as pas baisé ma fille »… Trop tard ! Et en plus on s'aimait ! Mon père m'a presque traînée par terre jusqu'à notre mobil-home. Il devait avoir bu aussi et trouvait que je ne me conduisais pas comme une fille bien. Il pensait que Clément était un amour de vacances, mais c'était plus que ça, je le savais. Un peu plus tard Clément a rencontré ma mère qui a vu qu'il était bienveillant vis-à-vis de moi.

Je buvais tant que mon père cachait des bouteilles de vin dans les buissons à côté de notre emplacement, qu'il ressortait juste au moment de passer à table… Puis il m'a obligé à rester dans le mobil-home. Résultat, j'étais tellement en manque que j'ai appelé le médecin le plus proche. Il m'a reçue très rapidement, et m'a fait une piqûre de Valium… Quel soulagement ! Tout de suite ça a été mieux. Après, nous sommes rentrés avec mon père au camping mais même avec les médicaments j'ai continué à m'alcooliser avec Clément… et au mobil-home, je dormais. Un jour où je n'étais pas bien parce que j'avais trop bu mes parents ont téléphoné au médecin qui m'a fait hospitaliser trois jours à l'hôpital de La Rochelle, j'avais un fort taux d'alcoolémie…

En sortant j'ai retrouvé mon ami Clément en forme. J'avais un traitement mais je continuais à boire doucement. Puis mes parents se sont aperçus que mon homme était véritablement bienveillant et à la fin de nos vacances j'ai pu passer les nuits dans sa caravane. Mes parents s'y étaient habitués, et puis comme je buvais un peu mais pas trop, j'allais plutôt bien.

Nos vacances finies, on ne s'imaginait pas loin de l'autre... Le matin de notre départ, avec l'accord de mes parents, Clément a fait le mur pour me suivre, alors que la saison n'était pas terminée. On est remonté vers la Nièvre, dans la maison de campagne de mes parents.

Enfin du Bonheur ! Je n'avais pas été heureuse comme ça depuis bien longtemps ! Je me sentais aimée pour moi-même et acceptée malgré et avec mon lourd passé et la situation alcoolique dans laquelle j'étais. Sur le retour on s'est arrêtés dans un petit bistro pour déjeuner en terrasse. Lorsque tout le monde était à table, j'ai prétexté un passage aux toilettes pour demander un triple whisky coca que j'ai payé immédiatement, en demandant au tenancier de ne surtout rien dire ...

Une des malices des alcooliques, c'est de boire en cachette. On devient très fort à ce jeu-là, on ne loupe jamais une occasion.

Évidemment j'y suis retournée une deuxième fois avant la fin du repas. Personne ne s'en est aperçu ni douté.

Nous sommes restés quelques jours dans la Nièvre, mais mon père buvait, et nous aussi. On cachait les bières qui nous permettaient de décompresser. Quand j'allais faire les courses avec ma mère, je partais de mon côté et j'allais directement m'acheter des flasques de vodka que je buvais dès le parking et que je camouflais dans mon sac. Ça s'est évidemment vu que je trichais, que j'étais saoule... Alors mon ami a décidé que nous irions rejoindre sa mère dans l'Yonne, pour me sortir des médicaments et de ma famille, pour casser mes habitudes alcooliques.

Quand nous sommes partis, mon père devait nous accompagner jusqu'à la gare. Assise dans la voiture ma mère m'a mis un cachet dans la bouche qui m'a retourné la tête... J'ai commencé à en ressentir les effets dans le train et quand il a fallu traverser Sens à pied, j'étais un véritable légume. Nous sommes finalement arrivés chez la maman de Clément, qui m'a accueillie les bras ouverts. Nous n'y sommes pas restés très longtemps, car je buvais des bières, du cidre et un peu de vin mais ce n'était pas assez. Comme il me restait des médicaments je faisais de mauvais mélanges, et il m'arrivait de me mettre en colère, ou bien d'être triste...

Clément m'a alors proposé d'aller faire les vendanges... Je savais que cela allait être dur et j'avais un peu peur mais on est allés chercher ma voiture qui se trouvait chez mes parents à Paris et nous y sommes allés.

Là c'était royal, nous avons été super bien reçus, Clément avait eu le plan par un ami à lui qui tenait un bar à vin à Paris. Nous étions plusieurs vendangeurs et nous étions là pour faire de la qualité. Les locaux étaient magnifiques, il y avait une batterie, un baby-foot, l'alcool coulait à flots avec un distributeur à bière.

L'important c'était que l'on travaille bien. J'avais le droit de boire un peu mais pas de me défoncer la tête. On se levait tôt le matin et nous coupions les grappes de raisins en séparant le mûr et le pourri. Il fallait être vigilant, et ne pas écraser les grappes. À dix heures, nous avions une pause, avec pâté, casse-croûte et vin à volonté mais, nous, le matin, buvions de l'eau et l'on se remettait au travail jusqu'à midi.

Les repas étaient préparés par un traiteur et sur la table, il y avait des bouteilles de vin du domaine. On buvait raisonnablement, car les vendanges c'est extrêmement fatigant et les pentes des vignes étaient raides. À la pause de seize heures, il y avait également à manger et à boire. Soit nous prenions un verre de vin, soit une bière... et le soir arrivait. On allait vite à la douche, puis à la tireuse de bière. En attendant que tout le monde soit prêt pour le dîner, tout le monde buvait... Puis, le dîner fini, on jouait au backgammon, on buvait encore mais doucement et on se couchait tôt car on savait que la journée du lendemain allait être dure...

J'ai réussi à tenir le rythme les dix jours, ce qui n'était pas gagné au départ. Je l'ai fait en arrivant à supprimer les médicaments et à consommer moins d'alcool.

Le seul bémol c'était que j'avais dû rater un rendez-vous avec l'ASE et Thimeo pour faire ce travail. Et cela mon fils me l'a beaucoup reproché, les dames de l'ASE aussi, me disant que je n'avais pas le droit de ne pas me conformer au calendrier, quelle qu'en soit la raison. On me reprochait donc de ne pas travailler et quand je travaillais, je n'avais pas le droit de manquer un rendez-vous.

Cela m'a fait culpabiliser. C'était pourtant une seule et unique absence alors que le père, Julio, en était coutumier… Et puis j'allais mieux, j'avais réappris l'effort, j'avais arrêté les médicaments, j'avais retrouvé un poids et une taille normale… Pour une alcoolique, se guérir en allant faire les vendanges c'est quand même un peu incongru mais ça a marché. J'étais redevenue saine, avec une perte de poids évidente due à l'arrêt des médicaments. Je ne prenais plus de médicaments du tout… Quelle victoire !!!

C'est aussi pendant ces vendanges, le 2 septembre 2016, que la décision de justice reconnaissant Thimeo victime d'inceste a été rendue par la Chambre du conseil du Tribunal pour enfants de Paris, déclarant que Mélissa était reconnue coupable des faits qui lui étaient reprochés, qu'elle devait avoir une mise sous protection judiciaire jusqu'à sa majorité ; condamnant les parents civilement responsables de Mélissa et nous donnant des dommages et intérêts à Thimeo et moi-même.

Autant dire que ce n'était pas une somme à la hauteur de ce que l'on avait subi : 2000 euros pour Thimeo et 1160 pour moi… Cela ne couvrait même pas les frais d'avocats engagés, mais le jugement était rendu et plus personne ne pourrait dire que ce que Thimeo avait enduré était un mensonge…

Pourtant TOUT le mal avait déjà été fait : la maltraitance psychologique du père et de sa famille, les scènes atroces que nous avions vécues, les démarches de pensions alimentaires qui restaient sans réponses, les procédures douloureuses, l'alcoolisme, l'ASE… C'est le parcours du combattant quand on est victime. On ne le dit pas assez. J'en veux à la Justice même si au final « justice a été faite »… mais à quel prix, et au bout de combien de temps ? Restent l'ASE et l'alcool, les vies cassées et brisées.

En octobre 2016, avec Clément on a essayé de s'installer à Paris, dans l'appartement où j'avais vécu avec Julio pendant ma grossesse et dans lequel j'avais connu de grands moments de désillusions, seule avec mon fils durant sa première année. Envahie par ces souvenirs, et le quartier ayant des magasins partout, j'ai replongé. Je ne pouvais pas m'empêcher de boire en secret, même si cela se voyait que je buvais… J'ai gâché le mariage du meilleur ami de Clément, celui qui nous avait trouvé le plan vendange, car je n'étais pas en état, je ne tenais plus debout… Il m'en veut encore et d'ailleurs ils ne se parlent toujours pas avec son ami…

Paris… Il y avait le bruit, trop de monde, trop de magasins… Le passé trop lourd à porter. De toute façon mon

Clément commençait à comprendre : il fallait m'éloigner de tous ces souvenirs, bons ou mauvais…

Il faisait parfois en sorte de boire autant que moi pour que je me rende compte de l'état dans lequel j'étais. Mais cela finissait en dispute. Alors un jour nous sommes partis sans réfléchir avec ma voiture, après avoir écrit sur les murs : *liberté !!!!!*, et d'autres horreurs, dont certaines un peu insultantes destinées à ma mère, mes parents.

Ce que les personnes ne savent pas c'est à quel point je m'en voudrais toujours pour tout ce que j'ai fait, et à chacun d'entre eux, mais cette colère avait besoin de sortir.

Hier soir, on parlait du livre que je suis en train d'écrire avec Clément et de quelques anecdotes que je comptabilisais… Mon ami m'a dit une chose que je crois importante : de ne pas être trop dure avec moi-même parce qu'il y a eu des périodes où j'avais un alcool beaucoup moins présent et mieux géré… Il m'a fait remarquer que c'était toujours à la veille ou à la suite d'événements, de mauvaises nouvelles que je rebuvais de plus belle, mais que j'avais aussi essayé d'arrêter de boire plusieurs fois.

Toujours est-il que j'ai fait beaucoup de mal à mon fils en le décevant ainsi… Je lui ai causé énormément de souffrance morale. Et je m'en voudrais toujours… Ça ne se répare pas ça, et je ne sais pas si ça se pardonne.

Alors la Justice… Pour moi qui y croyais depuis toujours, même si elle a finalement été rendue, cela n'a été que peine et souffrance. Tant de temps passé jusqu'à épuisement pour constituer les dossiers et ça a été ma perte. Mon fils a obtenu « justice » mais à quel prix ? Il en a perdu sa mère, et son enfance… peut-être son avenir…

Chapitre 20
La beuverie en camping-car

Fin octobre 2016 nous sommes donc retournés chez la maman de Clément dans ce petit village à côté de Sens…

Je continuais à boire : cidre, liqueurs, bières et vodka. Les copains du village passaient et c'était toujours l'occasion de boire un verre, mais nous avions instauré un rituel avec Clément : chaque jour nous allions faire une promenade en forêt. Nous prenions deux bières avec nous pour faire une pause, mais nous marchions bien et nous voyions des biches, la nature… On sortait de la maison et l'on respirait…

Malheureusement j'ai encore fait des miennes là-bas. L'alcool mauvais prenait le dessus et je n'arrivais pas à me contrôler alors même que nous étions chez la mère de Clément. Lui me poussait à réagir mais je n'en étais pas capable.

Nous cherchions une solution pour être indépendants, que je m'éloigne de mes soucis et que l'on puisse se déplacer pour aller travailler ensemble sans être attachés à un endroit en particulier. Sans être manouches ou forains, toute la famille de Clément a commencé à gagner sa vie en travaillant de manière mobile avec des caravanes. Lui-même est né dans la caravane de ses parents... avant qu'ils ne s'établissent dans ce petit village de l'Yonne. Sa mère, en plus du restaurant, était cantinière et son père tenait le bar. Lui aussi avait fini par devenir alcoolique, et Clément le voyait donc maltraiter sa mère. N'ayant pas eu une enfance heureuse, mon ami n'a jamais voulu avoir d'enfant. Cela l'a rendu très dur dans sa personnalité. Dès qu'il a eu 17 ans, Clément est parti de chez lui et il a toujours voyagé... Il a vécu quatorze années à Londres, puis en Grèce, à Amsterdam, Berlin...

Comme il me parlait sans cesse de liberté et de son expérience nous nous sommes naturellement dirigés vers un camping-car. De toute façon sans mon fils, je ne me voyais habiter nulle part, j'étais perdue, cassée, brisée... Je savais seulement que j'avais un rendez-vous par mois pour lequel je devais retourner à Paris, pour voir Thimeo. Un rythme qui ne laisse aucun répit pour se reconstruire.

Une fois le camping-car acheté, à mon nom car Clément n'avait pas le permis, direction la mer et Port-Saint-Louis. Nous nous arrêtions sur le trajet, en buvant un peu le soir, et puis nous reprenions la route.

Une fois arrivés, on se ravitaillait en eau tous les deux jours dans les cimetières. Mais à peine le temps de respirer un peu et il fallait déjà penser à remonter vers Paris pour mon rendez-vous avec Thimeo et ces dames qui me demandaient ce que je faisais. Évidemment le fait de voyager et d'avoir un camping-car, pour peut-être travailler, ne rassurait personne. Si cela convenait à mes parents car ils ne m'avaient plus sous leur responsabilité, eux aussi trouvaient toutefois cela instable et espéraient que ça ne dure pas trop longtemps…

Nous sommes tout de même restés sur la route pendant un an et demi. Angoisses et stress ne m'ont jamais quittée. Tout comme l'alcool, c'étaient mes deux nouveaux amis. Clément était là certes, mais dans mon cœur c'était une bataille constante. J'étais au plus bas, mais je conduisais la journée. Plus j'étais en souffrance intérieure pour mon fils à l'ASE, plus je buvais le soir, et plus je faisais du mal à Clément qui ne cherchait que de beaux endroits pour que nous puissions vivre le moment et se faire de beaux souvenirs… Pour moi c'était l'inverse, mes préoccupations me voilaient tout cela. L'alcool me volait ces moments, nous les volait à tous les deux.

Chaque mois, il fallait revenir au Plessis-Robinson pour les rendez-vous avec mon Thimeo et l'ASE. J'ai eu le droit d'avoir quelques visites libres avec mon fils et j'en ai profité pour l'emmener dans le camping-car et lui présenter Clément dont il avait beaucoup entendu parler lors de mes précédentes visites.

Je voulais le rassurer en lui montrant que nous avions une vie qui était acceptable en attendant de trouver un lieu où s'installer. On a passé un bon moment et j'ai entendu le rire de Thimeo quand Clément lui a fait des tours de magie. Cela faisait si longtemps ! Puis nous avons goûté tous les trois et, à l'heure dite, j'ai raccompagné Thimeo à l'ASE. D'après moi nous avions passé ces deux heures magnifiquement, c'était un moment heureux : j'avais entendu les rires de mon fils, je l'avais eu tout contre moi.

Mais par la suite l'ASE m'a reproché cette visite en me disant que Thimeo aurait préféré passer la journée seul avec moi, qu'il n'avait pas été content de venir dans le camping-car… Il était pourtant mort de rire et bien installé dans la capucine à regarder les lumières de toutes les couleurs que nous avions installées avec Clément. Qui lui avait mis ces idées dans la tête ? Il me paraît évident que l'ASE réécrit l'histoire comme ils l'entendent, et on ne peut rien dire.

Entre chaque rendez-vous nous reprenions la route avec Clément…

Dans le camping-car on discutait de tout et de rien, puis on regardait la télé sur nos smartphones, on essayait de boire en mangeant mais le soir arrivait et avec lui le stress de manquer d'alcool. On allait alors chercher une bouteille ou deux afin de passer la soirée. On buvait en prenant l'apéro mais pendant que Clément était sous la douche je me resservais et mettais de l'eau dans la bouteille de vin. Évidemment il s'en apercevait et cela le rendait furieux. Il me disait qu'à chaque fois que je buvais en cachette, c'était comme si je le trompais avec un autre homme, que cela lui faisait le même effet.

Quand on revenait au Plessis nous allions nous garer à côté d'un parc à dix minutes à pied de l'ASE. Nous arrivions des quatre coins de la France, j'étais épuisée et encore malade d'alcool. Fatiguée, je buvais la veille du rendez-vous pour décompresser, à la fois de la route et du rendez-vous du lendemain. J'étais angoissée car je ne savais jamais ce que ces dames allaient me dire sur mon fils et de quelle manière allait se passer le rendez-vous. Thimeo devenait violent et agressif à l'école et elles attendaient de moi que je réagisse, que je lui fasse la morale. Elles analysaient tout mais j'avais l'impression légitime qu'aucune de mes réactions n'allait être la bonne… Je n'avais que très peu d'éléments finalement ; c'était surtout l'expression du mal-être de Thimeo et le fait que le cadre dans lequel il grandissait ne lui convenait pas.

Après la réflexion sur la présence de Clément, je recevais Thimeo seule dans le camping-car… Une fois je suis allée le chercher à l'ASE pour une nouvelle sortie libre. Thimeo m'avait demandé de lui acheter un téléphone, je l'avais commandé, mais pas encore reçu. Mon fils s'est mis à pleurer et a été dur à consoler. Le rendez-vous ne commençait pas très bien. Quand je lui ai demandé s'il avait mangé, il m'a répondu que non. Je lui ai bien entendu préparé quelque chose tout en me disant que si les dames de l'ASE avaient voulu que ça ne se passe pas bien, elles ne s'y seraient pas prises autrement.

Thimeo me parlait très peu de ce qu'il faisait, de ce qu'il vivait… Il ne voulait pas m'inquiéter et les rendez-vous étaient brefs. J'aurais beaucoup de choses à dire sur ce système.

Après chaque rencontre nous repartions donc avec Clément, mais ensuite les sorties libres m'ont été supprimées, car je n'apportais pas assez de stabilité à Thimeo…

Pourtant le camping-car nous évitait de prendre les transports, et pour aller où d'ailleurs ? Dans un café impersonnel, sans intimité ? On n'avait pas le temps d'aller dans Paris en deux heures ni d'aller au cinéma. Pour toutes ces raisons, le camping-car était une bonne solution.

Avec Clément nous sommes ensuite partis au mois de mai vers Nantes pour faire le muguet. J'étais partante mais encore dans l'alcool. On a fait un jour de travail et on est repartis tôt le lendemain car j'avais pété les plombs. Mes soucis avec Thimeo ne quittaient pas mon esprit.

Un jour, à l'ASE, Thimeo est arrivé dans un T-shirt tout mouillé. Ce jour-là il pleuvait à verse. Il était sans veste, mouillé jusqu'aux os, il a fallu que je le conduise aux toilettes pour l'essuyer et lui donner un de mes pulls… Pourtant, à aucun moment les dames de l'ASE n'ont fait une réflexion à la famille d'accueil, comme si cela était normal.

Comme les rendez-vous avec les personnes de l'ASE étaient parfois multiples, et toujours aux dates qui leur convenaient, avec Clément nous cherchions des endroits où stationner pas trop loin de Paris- proches de cimetières pour avoir un point d'eau et tranquilles pour y passer quelque temps. Les rendez-vous avec l'ASE à ce rythme me rendaient folle. On me demandait d'être stable mais j'étais sûre de ne pas vouloir revivre à Paris.

Avec ces rendez-vous une ou plusieurs fois par mois, je ne pouvais pas m'installer loin, partir à l'étranger, Thimeo et l'ASE auraient pris ça pour un abandon… Et quel employeur accepterait d'engager quelqu'un qui a autant de rendez-vous et doit faire autant de déplacements ? Comment être stable ? La pression était constante ! Et les solutions inexistantes.

À force d'alcool, je passais ma colère et ma frustration sur Clément. Comme le camping-car était à mon nom, je ne sais pas combien de fois j'ai osé le chasser de « chez moi », alors que c'était notre projet commun de vie, « la bonne solution intermédiaire » que nous avions trouvée ensemble. Mais je n'acceptais pas le déclassement social que je vivais, et que Thimeo, que l'ASE me faisaient ressentir.

J'ai jeté des dizaines de fois les affaires de Clément par la porte, je criais, je hurlais, je jetais tout, je renversais tout. Je rejetais celui qui m'aimait toujours et qui malgré tout est resté avec moi… Je le traitais de « connard » alors que c'était moi la connasse. Je lui ai fait tellement de mal. Son sac était toujours prêt, il était en constante insécurité.

On a passé dans le camping-car quelques bons moments, mais surtout beaucoup de mauvais. Il sentait l'alcool, je puais l'alcool, je transpirais l'alcool la nuit… C'était sans fin. Toutes ces disputes à l'intérieur ! Et puis ça se calmait, je buvais, on buvait, on faisait l'amour… C'est assez étrange de savoir que l'on fait presque partie d'une tribu de gens qui ont choisi de vivre en dehors de la société en n'ayant pas de domicile fixe. Je me sentais très *insecure*. Je sentais que cette vie n'était pas pour moi. Je ne pouvais pas me faire à cette idée. La preuve c'est que partout où l'on allait, je m'alcoolisais une fois arrivée. Nous avons passé des nuits et des jours sur des parkings de supermarchés où je me bourrais la gueule. Quand on choisissait des endroits beaux et bucoliques, je gâchais toujours tout avec mon alcool.

Un jour alors que nous étions à Orléans, on est allés se promener puis dans un bar. Je parlais à tout le monde. Clément avec son instinct de protection, et de méfiance prévoyante, ne buvait pas autant que moi et était un peu à l'écart. Je suis ensuite sortie fumer, et je ne me rappelle plus ce que j'ai pu dire mais on s'est retrouvés encerclés par cinq ou six garçons, alcoolisés eux aussi, qui disaient à Clément « que quand on avait une chienne de femme comme moi, il fallait la tenir attachée ». Ça a failli très mal tourner… On est vite partis en faisant attention de ne pas être suivis mais on était à deux doigts d'une bagarre explosive et dangereuse à cause de moi.

Chapitre 21
La folie alcoolique

Avec le temps, j'ai compris que c'est une très mauvaise idée de boire pour oublier ou lorsqu'on se sent plein de tristesse, tout simplement parce que l'alcool est le meilleur anxiolytique du monde. C'est comme ça que l'on peut tomber dans l'alcoolisme. Il faut garder l'alcool pour des moments joyeux et exceptionnels. Boire quand on va mal pour aller mieux, cela n'existe pas. C'est une illusion qui peut vous coûter cher, à vous et à vos proches.

L'alcool peut faire pleurer, vous rendre joyeux mais moi j'étais allée tellement loin que, passés quelques verres, je n'étais plus ni joyeuse ni triste… J'exprimais une colère de frustration, de peines et de souffrance et c'était explosif. Dans ces cas-là, je deviens méchante dans mes propos, provocatrice, agressive, je casse tout, je tombe par terre, je crie, je jette par la porte tous les objets que je trouve même s'ils comptent pour moi, et j'arrive toujours à boire encore plus quand il y en a, et sinon je retourne en chercher en titubant. Et j'en trouve ! Et puis je bois, je bois encore plus et plus vite, et là je tombe. Ou alors je passe mon temps à supplier que mon ami aille me chercher une bouteille d'alcool par peur des crises de manque qui risquent de me frapper, ou je dors… Mais en réalité cela finit souvent à l'hôpital.

Les crises de manque, le « *craving* » comme disent les médecins, c'est, je crois, ce qu'il y a de plus atroce. On a les mains moites, le cœur qui va à cent à l'heure, on ne tient plus debout mais on ne peut pas rester allongé, on se tortille, on a une sensation d'angoisse terrible, on a les mains qui tremblent, on ne peut même pas allumer une cigarette, on a mal à la tête et on est presque incapable de parler, on a juste la force de crier « donnez-moi de l'alcool ! » Et là, si l'on vous en donne, dès la première grosse gorgée, cela va tout de suite mieux… Tous ces symptômes disparaissent, on redevient une personne normale… Même si elle pique, cette première gorgée ! Et qu'elle est chaude quand l'alcool est fort… Mais quel soulagement immédiat ! C'est très impressionnant.

Pour éviter cela, mon ami allait parfois me chercher à contrecœur une bouteille. Il appelait ma mère pour savoir quoi faire… Dans mes moments plus calmes j'allais voir un médecin pour avoir des médicaments. Ce qui est vraiment dangereux c'est de mélanger alcool et médicaments, on sait où ça mène : à la morgue mon pote… Et combien d'entre nous, alcooliques, l'avons fait ? Tous !!!

Heureusement j'ai eu la chance de passer à travers car je faisais un tout petit peu attention, j'alternais les prises : quand il n'y avait plus d'alcool, il y avait les médicaments.

En avril 2017 on s'est arrêtés à Saché, on était au bord de l'eau dans ce charmant petit village et il y avait un épicier. Clément n'était pas d'accord, mais je suis allée chercher de l'alcool et j'ai bu sur le chemin du retour.

Clément avait préféré prendre l'air et j'en ai profité pour retourner chercher de l'alcool. C'est là que j'ai fait une crise de démence alcoolique.

Un peu plus loin se trouvait un groupe de jeunes en train de faire un barbecue, et je suis montée en pression toute seule, j'ai arraché tous les fils de la batterie du camping-car. Clément est revenu et j'ai bloqué toutes les portes. Il a donné un coup de poing dans le véhicule pendant que je tapais du pied contre la porte que j'ai cassée.

Les mecs qui étaient là menaçaient de nous tuer si on ne partait pas. C'était très tendu, tout le monde criait très fort. Clément par magie a réussi à reconnecter quelques fils rapidement et on a pu partir, tous les deux la peur au ventre. L'alcool descendait et je me suis calmée… Je ne me souviens pas de là où nous nous sommes arrêtés, mais je sais que je me suis salement fait disputer et que les fils du camping-car nous ont posé beaucoup de problèmes par la suite.

C'est le même scénario à chaque fois. Après l'alcoolisation, je constate les dégâts matériels ; le lendemain je regarde les trous de cigarettes dans les vêtements, sur les canapés, le lit, les affaires perdues ou cassées. Et après je découvre les dégâts sur moi : des bleus un peu partout, une sale tête, des cloques, des brûlures sur les mains, les jambes, voire le visage… Et je ne parle pas des choses détestables que j'ai pu dire sous l'effet de la boisson.

Parce que je buvais à en tomber par terre, je n'arrivais plus à aller aux toilettes seule. Clément devait me porter. Je n'en avais plus rien à faire de ce que les gens pensaient de moi, quitte à me mettre en danger.

J'arrivais quand même à trouver assez d'énergie pour aller me chercher de l'alcool et cela ne dérangeait personne. Je titubais, mais personne, ni les gens que je croisais, ni les vendeurs ou les épiciers ne m'ont jamais fait une remarque… Pour me redonner des forces je mettais la bouteille dans mon écharpe et je buvais quelques gorgées... Je n'attendais pas d'être rentrée, j'étais en manque.

Et comme c'est vrai que la violence appelle la violence, j'ai reçu quelques gifles, fruits du désarroi de mon ami. Sous l'effet de l'alcool, on ne sent rien alors je continuais à jeter par la porte des objets et je le menaçais. Combien de fois ai-je appelé la police ? Plus d'une fois pour coups et blessures… Clément a d'ailleurs passé la nuit au gnouf le soir du 24 décembre 2017 à Bagneux.

Malgré tout ce que je lui ai fait vivre, il a été là, et il l'est encore. C'est la plus belle preuve d'amour que l'on puisse offrir à quelqu'un. Aimer malgré la maladie.

Il désespérait pourtant que je ne change pas. Il essayait de me parler de mon fils, mais cela me démoralisait encore plus. Il me parlait de notre avenir. Mais de quel avenir ? Partir, laisser mon fils, pour aller où ? J'étais écrasée par mes problèmes et la seule solution pour oublier c'était l'alcool. Le passé et le présent sont parfois tellement lourds que l'on ne peut pas penser à l'avenir…

C'est le schéma type d'un alcoolique : la destruction de tout et de tous, ceux qui l'entourent et soi-même.

C'est évident, je le sais : quand je bois, je n'ai plus aucun amour propre et plus d'amour non plus pour ceux qui m'aiment. Il n'y a plus d'amour pour moi-même, plus de limites. Je sais que je me fais du mal en buvant mais je le fais quand même… Mon fils m'a rejetée, mes parents se sont mis en colère et se sont déchargés sur mon ami qui ne savait plus quoi faire… Évidemment, il fallait que cela vienne de moi… Que j'ai le *déclic*... Mais en réalité le *déclic* on le cherche au cul de la bouteille.

J'ai déjà entendu : « Ah c'est facile pour vous les alcooliques, vous foutez le bordel et après vous ne vous souvenez de rien le lendemain ! » comme si le constat de ce que l'on a jeté, détruit, la culpabilité que l'on ressent déjà, les blessures de l'âme n'étaient pas assez profondes.

Chapitre 22
Évasion manquée à Nemours

Le 4 mai 2017, nous nous sommes arrêtés à Nemours, au bord de l'eau. Nous y sommes restés parce que j'attendais le prochain rendez-vous avec l'ASE et que nous ne voulions plus faire des allers-retours dans de telles circonstances.

Nous pensions y rester une semaine, le temps pour Clément de se renseigner pour le permis de conduire. J'ai tenu suffisamment pour qu'il commence son inscription et fasse son évaluation. De mon côté je continuais à boire, seulement le soir mais j'attendais ces moments avec impatience… Et puis, lors d'une promenade, j'en ai profité pour acheter de la vodka et il n'a plus été question de limite.

Un jour j'ai tellement bu que mon ami a téléphoné à ma mère pour savoir s'il devait encore m'acheter de l'alcool. Mes parents lui ont dit non : « Maintenant ça suffit… Tant pis pour les conséquences… » Alors je me suis mise à tout casser et mon ami a appelé les pompiers dans l'après-midi.

Je me suis retrouvée à l'hôpital en état semi-conscient. J'étais attachée au niveau des pieds et de la poitrine.

Quand j'ai dit que j'avais envie d'aller aux toilettes ils m'ont mis une sonde urinaire : ça fait mal et pour faire pipi il faut appuyer avec les mains sur la vessie. Je sentais que ça passait mais avec la douleur ça bloque tout, ce n'est pas naturel.

Au bout d'un moment ils m'ont détachée. J'avais mes vêtements, pas mon sac mais je m'en fichais, encore alcoolisée comme je l'étais. J'ai donc essayé de partir et les infirmières de l'hôpital ont tout de suite appelé la sécurité. Je n'avais aucune chance, j'ai pourtant continué et j'ai réussi à atteindre l'entrée de l'hôpital... Ils m'ont traînée par terre, mais je me suis à nouveau enfuie et je suis allée me cacher derrière une voiture dans le parking. Là un infirmier est venu, qui m'a parlé gentiment en me faisant comprendre que je n'avais d'autre choix que de le suivre, soit avec la manière douce, par moi-même, soit ce serait la manière forte....

Je l'ai suivi et ils m'ont rattachée, complètement cette fois, sanglée jusqu'au cou. Ce n'était pas la première fois, je connaissais le fonctionnement, les bruits, les odeurs, les allées et venues du personnel hospitalier, les patients qui vous regardent. Cela traumatise petit à petit, inconsciemment, le choc émotif est bien là. J'étais choquée de l'image que je renvoyais de moi-même dans cette situation mais c'était proportionnel à mes peines et ma douleur, donc je l'acceptais.

J'ai passé la nuit à l'hôpital et je suis sortie le lendemain. Vingt-quatre heures sans fumer ni pouvoir bouger... J'ai appelé Clément qui venait me rejoindre. Je n'étais pas bien. Ils vous laissent sortir de l'hôpital mais ils ne vous donnent aucun médicament pour aller mieux, du coup vous ne pensez qu'à reboire, mais quand vous n'êtes pas seul vous ne pouvez pas, alors vous souffrez de l'intérieur : maux de tête, tremblements, faiblesse générale… Et puis la honte, vis-à-vis de mon homme mais aussi vis-à-vis de la société tout entière… Vous avez l'impression que tous les gens que vous croisez connaissent votre situation…

Du coup j'ai appelé un addictologue de Nemours, et j'ai repris des médicaments.

Nous sommes ensuite allés nous réfugier chez la maman de Clément quelques jours en mai 2017. Nous étions revenus également car elle devait se faire opérer et que nous devions l'accompagner à l'hôpital. Chez elle on buvait toujours plus ou moins régulièrement. Il y avait des bières, le cidre maison et puis quand cela n'allait pas je prenais le camping-car, avec ou sans Clément, pour trouver de l'alcool. Il n'était vraiment pas content de moi, on se disputait souvent, mais comme je buvais, je ne me souvenais de rien le lendemain.

Il faut comprendre que l'alcool était mon oxygène... La première gorgée a peut-être du mal à passer, ça chauffe, ça brûle, mais je respirais soudain et après je buvais cela comme du petit-lait…

Chapitre 23
La suspension de permis et l'errance

Le vendredi 12 mai 2017 alors que j'étais partie, déjà alcoolisée, avec le camping-car acheter de la vodka au supermarché à vingt minutes du village, je reçois un appel de l'ASE m'apprenant que Thimeo avait fait une fugue de sa famille d'accueil. On me dit de ne pas m'inquiéter car il avait téléphoné à mon père à la gare de Dourdan pour qu'il vienne le chercher.

Je n'avais qu'une envie : me noyer dans l'alcool. Thimeo avait mon père, mais pas sa maman. Évidemment que non : une maman alcoolique qui vit dans un camping-car, on ne lui demande pas de l'aide.

Sous le choc, j'ai vidé la bouteille de vodka que j'avais… Je voulais tout oublier… C'était une catastrophe. Je répondais à l'ASE sous l'effet de l'alcool, pour entendre une nouvelle aussi grave… qui prouvait bien que mon fils savait qu'il ne pouvait pas compter sur moi.

Je n'avais alors qu'un objectif, nourri d'une détermination très forte : aller me chercher des bouteilles de vodka pour atténuer ma douleur, ne pas m'apitoyer sur mon sort, ni sur celui de mon fils, juste oublier.

Quand je suis entrée au supermarché, j'ai pris mes deux bouteilles et je ne devais pas marcher très droit. J'avais certainement les clefs du camping-car dans les mains, du coup la caissière a donné l'alerte quand elle m'a vue repartir du magasin. Quelques minutes plus tard je me suis rendu compte que j'étais suivie par la police sur un petit chemin, je me suis arrêtée gentiment, je savais qu'ils étaient là pour moi… que j'étais « faite ».

Leur éthylotest ne marchait pas et comme je n'avais fait aucune infraction en douze ans de permis, ils m'ont raccompagnée au village en me demandant de rester sagement là et de ne plus bouger. Ils m'ont pris mon permis et m'ont demandé de venir le chercher le lendemain au commissariat.

Mais dès qu'ils sont partis, comme il me fallait de l'alcool et que je ne me rappelais plus où j'avais caché les bouteilles, j'ai repris le camping-car pour aller dans un autre magasin. Évidemment ils m'attendaient au tournant… J'ai dû garer le véhicule au bord de la route et direction la cellule de dégrisement… Rétention de permis et toutes les catastrophes qui s'en suivent, relevé d'ADN, d'empreintes, photos de tatouages, photos de face, de profil et le fameux éthylomètre dans lequel j'avais du mal à souffler… Ça y est, j'étais fichée. Puis interrogatoire et cellule de dégrisement jusqu'au lendemain. La cellule de dégrisement c'est du béton surélevé pour le lit, un trou qui pue pour les toilettes, c'est dégoûtant et c'est tout… La grosse porte fermée avec une serrure géante, c'est démesuré et ça fait peur… La seule chose à faire pour que le temps passe plus vite c'est de s'allonger sur la couverture et dormir…

Pendant ce temps-là, la police a téléphoné à Clément et à mon père, qui n'était pas content du tout, pour que l'on vienne me chercher le lendemain.

Clément n'ayant pas le permis, il fallait que je me coltine mon père…

Comment allait se passer l'avenir ? Le camping-car c'était notre maison… Même sur roue, c'était notre maison.

Mais toujours pas de *déclic*. L'alcoolisme fait que l'on arrive à relativiser, alors je me disais que c'était ma première arrestation. On arrive à tout dédramatiser, même si l'on sait que l'on est de mauvaise foi…

Mon père est arrivé furieux, Clément, lui, était dépassé par les événements. Je suis sortie après avoir pris de quoi fumer et j'ai laissé mon père se défouler sur les flics… pas sur moi. Je n'avais pas envie de l'entendre, je venais de passer une nuit au gnouf, je voulais respirer.

Ce retrait de permis tombait très mal car on devait accompagner la mère de Clément à l'hôpital quelques jours plus tard pour son opération et ce n'était plus possible. Clément m'en a voulu et m'en veut encore. Une fois de plus mon alcoolisme ne nous pas permis de faire ce dont nous avions parlé. Et là c'était important. J'étais honteuse vis-à-vis de sa maman. C'est tout à fait impossible de pouvoir compter sur une personne atteinte de cette maladie alcoolique. Tout le monde lui en veut et nous culpabilisons aussi, mais on perd la confiance de nos proches, on n'a plus aucune crédibilité et c'est normal. On vit heure après heure, jour après jour. On ne sait pas comment va se passer le lendemain, comment on va pouvoir boire, et puis penser à l'avenir donne le vertige…

L'alcool ayant bien fonctionné, ce n'est que lorsque mon père est arrivé que je me suis souvenue que mon fils avait fait une fugue. Mon père était dans tous ses états et s'il avait pu me donner une correction, il l'aurait fait, j'en suis sûre. Il nous a raccompagnés dans le village chez la maman de Clément, puis il est parti.

J'ai décidé de passer la nuit dans le camping-car et j'ai retrouvé les bouteilles qui y étaient cachées… Dès la première gorgée je me suis sentie délestée de ces émotions. Je me suis à nouveau saoulée jusqu'à dormir. Clément n'était pas loin, on se faisait la tête mais il m'a laissée tranquille et moi, finalement je me suis sentie admirative de Thimeo d'avoir eu le courage de fuir la famille d'accueil et d'aller chez mes parents.

On est restés quelque temps chez la mère de Clément pour l'aider dans le quotidien, mais elle commençait à avoir peur de moi. Elle était déçue et s'inquiétait certainement pour son fils d'être avec une fille comme moi. Et puis il y avait toujours un voisin qui passait boire un verre à la maison et moi j'en profitais, je piquais une petite bière en plus de temps en temps.

Quand sa maman a été à peu près guérie, on a dû partir, elle ne tenait pas à ce que l'on reste, à ce que je reste. Elle était en train de vendre sa maison mais on n'a pu s'occuper de rien... Mon ami a dû partir en laissant des choses qui lui tenaient à cœur derrière lui. Laissant sa sœur s'occuper du déménagement. Là encore j'ai ma part de responsabilité… Et ce sont des choses que l'on ne peut pas changer…

Comme je n'avais plus le permis, on a cherché un plan pour stationner quelque part en longue durée. On a trouvé le camping de Sens. C'est Clément qui a pris le risque de conduire jusque là-bas. Et l'on est bien tombé : à deux pas du supermarché ! Combien de soirées ai-je foutues en l'air ? Je n'ai pas arrêté de m'alcooliser…. C'était du blanc du matin au soir, et quand je pouvais boire de la vodka je le faisais… On y est restés deux mois.

À cette période-là je pouvais boire deux bouteilles de vodka par jour... C'était le gouffre… On vivait à côté d'un clodo gentil à qui ses copains de la ZUP venaient rendre visite tous les jours. J'étais descendue presque au plus bas de l'échelle sociale. On avait l'eau, l'électricité, mais on était coincés, on ne pouvait pas rouler… C'était la déchéance, la chute sociale totale, mais on avait encore une « maison »… On était quand même chez nous, à l'abri des intempéries.

Il a fallu faire un aller-retour pour voir Thimeo à l'ASE, en stop et en Blablacar… C'était contraignant : fatiguée, sous alcool ou médicaments, marcher, faire du stop, du covoiturage et faire comme si tout allait bien… C'était moralement usant.

Pendant que l'on était à Sens j'ai tout mis en branle pour récupérer le permis : test psychotechnique, analyses sanguines, photo dématérialisée… Même en continuant à boire mes analyses étaient bonnes, par contre j'ai eu plus de mal avec le test psychotechnique car j'avais les neurones un peu grillés.

Je n'en pouvais plus d'être au camping, avec les clodos comme voisins, que je croisais quand j'allais au magasin et qu'eux faisaient la manche… J'étais presque à leur niveau. Et je ne supportais pas cette idée. J'ai expliqué la situation à mes parents qui nous ont autorisés à aller à la maison de campagne. C'était un soulagement. Sans permis, c'est encore Clément qui a pris le risque de conduire jusque dans la Nièvre.

On s'y est installés, on s'est mis à faire du jardinage et du gros œuvre car il y avait du travail, personne ne s'en était occupé depuis longtemps. Je m'y consacrais de manière très active et investie mais nous étions entourés de personnes qui buvaient beaucoup, du vin, du Ricard et du whisky… Je buvais autant que les autres, voire plus… Nous avions toujours de l'alcool à la maison. Ces « amis » venaient le soir, et le cubi y passait à quatre, sachant qu'il y avait souvent « le petit jaune » avant. Et puis j'allais chercher ma vodka le plus souvent possible.

Jacques, un voisin compatissant du village nous emmenait faire les courses une à deux fois par semaine. De temps en temps j'y allais seule avec lui et j'en profitais pour acheter de la vodka que je buvais sur le parking avant de jeter la bouteille dans une poubelle. J'en cachais une autre sur moi, mais je me faisais griller par Clément. Rien ne changeait…

De toute façon plus je buvais, moins je tenais l'alcool… Durant cette période on a quand même bu du bon vin, car nous avions accès à la cave de mon père ! On l'a un peu vidée ; quand mon père s'en est aperçu il n'était évidemment pas très content.

Le 1er septembre 2017 nous sommes allés faire de nouvelles vendanges, c'est mon père qui nous a accompagnés dans le Beaujolais. Contrairement à la première fois, je ne tenais pas la cadence, c'était trop dur, l'ambiance n'était pas là et nous étions très mal logés. Nous sommes donc partis au bout de deux jours, sans aucun regret, mais en ce qui me concerne, un certain sentiment de culpabilité… C'était moi qui ne suivais pas la cadence, et pourtant je faisais de mon mieux. Je suis allée voir le patron en lui disant que j'allais arrêter, que je ne suivais pas le rythme et il a eu le culot de dire à Clément que lui pouvait rester mais qu'effectivement, moi je ne servais à rien. Clément ne s'est pas démonté et nous sommes partis ensemble. On a fait du stop avec nos gros sacs jusqu'à la maison de campagne.

Chapitre 24
La panne, le gnouf du 24 décembre 2017 et le woofing

Je continuais à boire mais du vin principalement, car il fallait que je fasse mes tests sanguins en prévision de la visite médicale qui allait se passer à Nanterre le lundi 13 novembre 2017. J'ai finalement pu récupérer mon permis pour une durée probatoire d'un an. Nous avons ensuite pris une chambre d'hôtel à Paris, au F1 de la porte de Châtillon, car j'avais rendez-vous avec Thimeo le 15 novembre à l'ASE.

Encore instable aux yeux de tous, le fait que l'on soit à la campagne chez mes parents, que l'on ne travaille pas au quotidien, tout cela ne donnait confiance ni à Thimeo, ni aux dames de l'ASE. Je savais que mon fils était content d'être chez ses grands-parents et qu'il avait eu la permission du juge d'y rester.

Nous sommes rentrés en stop dans la Nièvre mais avec le permis en poche, c'était un nouveau souffle… Enfin ! Je me suis juré que même si je continuais à boire, plus jamais je ne conduirai sous l'emprise de l'alcool. C'est étrange mais j'avais plus peur de reperdre mon permis que conscience que je pourrais causer un accident. C'est très égoïste de penser ainsi et irresponsable mais c'est la vérité.

Nous avons donc repris le camping-car... Nous sommes descendus à Orange, Aix-en-Provence, Port-Saint-Louis puis nous sommes allés voir un cousin de Clément à côté de Bourges. Nous y sommes restés quelques jours avant de revenir nous garer au Plessis-Robinson pour venir à Paris, cette fois-ci pour l'audience avec le Juge des enfants.

En décembre 2017, l'ASE s'est déclarée incompétente pour Thimeo et il y a eu l'affirmation de la mesure d'AEMO chez mes parents. Comme à son habitude Julio était absent à l'audience.

Nous n'avions pas fait fonctionner le moteur du camping-car pendant deux jours et au moment de partir, impossible de redémarrer... J'ai donc appelé le dépanneur qui a essayé de le faire démarrer avec du Start Pilote mais sans succès. Il nous a déposés dans un garage à Bagneux où le garagiste a étudié le problème et pensait pouvoir le réparer mais en commandant une pièce spéciale, tout cela en pleine période de fêtes. Le permis à peine retrouvé, nous n'avons pas vraiment pu en profiter. Heureusement nous étions bien garés, ni trop loin du cimetière pour avoir de l'eau ni trop loin des magasins. Au début on pensait que c'était l'affaire de quelques jours mais en réalité nous y sommes restés deux mois.

Comme c'était la période des fêtes j'étais vraiment inondée de tristesse. Je buvais pour compenser les larmes qui coulaient dans mon cœur. Savoir mon fils si proche et ne pas pouvoir le voir puisque maintenant il était en AEMO chez mes parents, c'était un déchirement. Je me sentais de plus en plus abandonnée. Je ne pouvais même plus aller chez mes parents puisque Thimeo y était.

Ils sont tous partis à la montagne où on leur prêtait un appartement et nous, pour Noël 2017, sommes restés coincés à Bagneux. Clément et moi, on a acheté du vin, des huîtres et puis comme il m'en fallait plus, je suis allée chercher de la vodka contre l'avis de mon ami, mais c'était Noël. Ah… les fêtes de Noël quand on est séparé de sa famille, de son fils… Cela ne pouvait pas bien se passer, j'étais au plus mal au fond de moi. J'ai tout chambardé, je me suis lâchée, j'ai pété un plomb car j'étais tellement alcoolisée que j'ai appelé la police pour coups et blessures de la part de Clément alors que c'était moi qui l'avais cherché ; au final il a passé la nuit en prison… J'étais mal… Je ne pouvais pas être bien en cette période de fêtes. La police m'a appelée le lendemain pour savoir si je voulais porter plainte. J'étais sous le choc de lui avoir fait vivre cela, surtout un soir de réveillon, mais j'étais épuisée moralement : après l'interdiction de conduire, le camion qui nous lâche, les fêtes de famille dont j'étais privée... Encore une fois, Clément était le réceptacle de toutes mes frustrations, peines et colères alcooliques…

Dans la situation qui était la nôtre j'ai finalement pensé au woofing. La seule solution était en effet d'aller chez quelqu'un qui avait un terrain où nous pourrions rester en échange de quelques services… Nous avons donc atterri en woofing à Alençon chez un mec, Titoff qui, conduisant des camions, s'y connaissait assez pour réparer le nôtre... et chez qui l'alcool coulait à flots.

C'était le choc, il n'y avait pas que la nature, les animaux et la réparation du camion, chaque soir c'était « pastis party » et la bouteille y passait sans aucun problème… Avec les autres woofers, c'était : bières fortes la journée, pastis et sangria le soir. Nous étions chez de vrais alcooliques.

Clément faisait des efforts pour ne pas boire mais quand je le surprenais, j'étais envahie par ce besoin, ce n'était pas de la jalousie mais simplement le manque du produit dans mon cerveau et mon corps… Je n'arrivais pas à gérer. Cela me mettait de mauvaise humeur, et c'est évidemment Clément qui la subissait.

Notre maison sur roue, notre « roulotte » comme avait dit mon frère un jour, devait être réparée et c'était le seul endroit où nous pouvions le faire. Comme cela allait durer longtemps, j'ai fait la démarche pour être suivie à l'hôpital d'Alençon par une psychiatre spécialiste en addictologie et par une psychologue. J'ai réussi à rester abstinente pendant un mois malgré le contexte… Cela n'a cependant pas tenu, il y avait trop d'alcool autour de moi.

J'ai recommencé à boire, et à boire tellement qu'un soir en voulant encore avoir de l'alcool, je ne sais pas ce qui m'a traversé l'esprit, mais j'ai pris la bouteille d'eau de Javel et je l'ai portée à ma bouche.

Et puis là, le trou noir. Je sais que mon ami a appelé les pompiers et que je me suis retrouvée attachée dans un hôpital que je ne connaissais pas…

Février 2018

Chapitre 25
L'évasion « vodkarienne » du centre hospitalier de Mayenne

Je me suis donc réveillée à l'hôpital sans savoir ou j'étais… Attachée et sanglée comme jamais. En ayant tout oublié de la soirée de la veille.

Au bout d'un moment le médecin revient avec une infirmière. Elle me dit que non, je ne sortirai pas avant quatre ou cinq heures en fin de journée, alors que la journée n'a pas encore commencé. Ça allait être long, très long, et ça me semblait inenvisageable. Je devais rester en observation mais je trouvais cela inutile. Rester dans ce couloir, avec personne autour pendant douze heures ? À quoi cela allait-il servir ? Je serais mieux chez moi pour dormir et me reposer. Seule bonne nouvelle, le docteur autorise l'infirmière à me détacher complément. Elle sort son fameux aimant magique et me retire les liens qui faisaient de moi une aliénée dans un nid de coucou… Quel soulagement ! je me suis sentie revivre… Un vent léger et délicieux de liberté fait frétiller tous mes sens… La liberté commence par là, ne pas être attaché à quoi que soit ou à qui que ce soit, sauf si on le veut bien !!

Après un petit moment je me lève et marche un peu à côté de mon brancard pour me dégourdir les jambes, les poignets et le dos… Pour reprendre une notion de l'espace autour de moi en me détachant de ce pilori... Finalement, par curiosité et ayant l'esprit de plus en plus clair, je vais au bout du couloir, doucement, sans faire de bruit, en chaussettes, mes sens en alerte.

J'observe tous les couloirs désertiques, comme un animal traqué parce que je sais que si l'on me détache ce n'est pas pour visiter, aller et venir où je veux et m'éloigner… Je risque gros, et je ne veux absolument pas être à nouveau attachée. Je regarde dans les chambres d'où venaient les plaintes mais je ne vois rien, il fait trop sombre. Tous mes sens en éveil, je perçois l'odeur des malades, celle du café des infirmières, les bruits….

Après l'angle du couloir, la vitre est transparente. Je finis par trouver l'emplacement du local des infirmières et je regarde attentivement leurs visages. Je cherche celle qui a l'air le plus sympathique mais sans être trop jeune, sinon ça peut-être une étudiante qui souvent doit aller voir son supérieur. J'observe tout… Le médecin étant encore là, je me fais discrète, je retourne vers mon brancard et décide d'attendre qu'elle parte. Je me rallonge donc sur le seul « lit du couloir » et j'attends.

Au fond de moi, j'ai vraiment envie de fumer et il m'est impossible de penser que je vais rester là toute la journée ! Je n'ai pas la bougeotte mais je n'aime pas que l'on me dise ce que je dois faire !

Il fait encore nuit, je ne sais toujours pas quelle heure il est, car je n'ai pas posé la question mais je pense qu'il doit être environ quatre ou cinq heures du matin.

Allongée, je regarde l'angle du couloir, le plafond et surtout je profite de la possibilité de bouger chacun de mes membres, je plie les jambes, tourne mes poignets, et j'essaye de recoiffer mes cheveux, qui sont collants d'alcool, histoire de ressembler à nouveau à quelque chose. J'ai conscience qu'il faut que j'aie meilleure mine, je me pince les joues pour avoir un peu de couleur… L'alcool ça rend blafard.

L'impatience me guette, je veux fumer, et suis en pétard contre le docteur. Je veux fumer et je veux sortir d'ici. Je retourne au bureau des infirmières, en chaussettes, sans faire de bruit. Le médecin est parti mais l'infirmière est là et elle ne ressemble pas à une étudiante. Côté sympathie, je verrais bien, je décide de tenter ma chance et tape à la fenêtre du bureau.

L'infirmière sort. Je lui dis que je veux fumer… Elle n'y voit pas d'inconvénients puisqu'elle me voit debout, stable… Elle rentre à nouveau dans son bureau, me donne mes chaussures, mon manteau (« car il fait froid dehors ») et me demande de fouiller dans mon sac, qu'elle garde, pour que je prenne une cigarette et du feu. Elle m'indique comment parvenir au coin des fumeurs. J'y vais calmement, j'ai l'autorisation, j'en profite… Je mets déjà mon manteau comme une protection rassurante contre cet endroit. Je prends plusieurs couloirs et j'arrive dans un grand hall. Pas un bruit autour de moi, à gauche une porte transparente qui mène à une cour, un endroit entre quatre murs. Je m'assieds sur un banc et c'est vrai qu'il fait froid – merci pour le manteau madame ! – je fume et observe ce qui m'entoure… Je suis toujours enfermée, mais je fume et je respire, je sens le vent frais sur mon visage. Quel soulagement, quelle douceur !

La cigarette terminée, je regarde s'il ne reste pas quelques mégots encore potables pour faire durer le moment. À force d'être dans des hôpitaux j'ai appris à farfouiller dans les cendriers publics pour fumer les mégots des autres… Quand tu n'as pas le choix, tu es bien content d'en trouver !

En rentrant dans le hall, je remarque une porte en verre qui m'a tout l'air d'être la sortie de l'hôpital. Mais… j'ai… je ne peux pas faire ça, je suis prisonnière de l'autorité du médecin. Par habitude, on obéit au médecin en blouse blanche… C'est l'autorité... et surtout je n'ai pas mon sac… Ce n'est donc pas le bon moment : pas de précipitation ni de faux pas.

Je retourne vers le poste des infirmières et redonne mes chaussures, mon manteau et le briquet… Je retrouve mon brancard de la mort… Je viens de rentrer et déjà le temps me semble long. Après de très longues minutes, je retourne voir l'infirmière pour demander où sont les toilettes… Et en y allant, je prends mon petit air minaud, je lui demande d'aller fumer à nouveau en lui disant que comme j'ai vu à côté du fumoir de quoi prendre un café je voudrais avoir mon sac dans lequel se trouvent quelques pièces.

Ce qui est clair à ce moment précis, c'est qu'elle est en confiance et en plus elle doit être occupée par autre chose. Elle me donne son accord, me redonne mes chaussures, mon manteau et mon sac ! Je lui dis que je vais en fumer une ou deux, boire un café, qu'elle ne se fasse pas de soucis, je reviens… Je remets mes chaussures, mon manteau et mon sac en bandoulière… Je reprends le couloir, je prends le café, je fume une cigarette au fumoir… Et là, je sais que j'ai tout avec moi, que la liberté est de l'autre côté de la vitre. C'est irrésistible, le grand hall est vide, je sors du fumoir, et je vérifie qu'il n'y a personne. Je me dirige vers la porte transparente, direction la sortie, je ne regarde pas derrière moi. Le plus naturellement du monde je me rapproche de la porte électrique, elle s'ouvre, je passe… Ça y est, je suis sortie du bâtiment. Il fait froid mais j'ai chaud, je suis tout excitée.

Dehors, je vois au loin une route toute droite, quelques voitures garées sur les côtés de l'hôpital et devant moi de petits chemins qui ont l'air d'être empruntés par les piétons pour aller vers la route. Je sens le vent frais sur mon visage. Je bouge, je marche, maintenant je suis libre… Libre d'aller tout droit… Vers la vie, la ville. Le monde qui continue de tourner, lui.

Je crois entendre une infirmière me rappeler mais je ne me retourne pas ; je continue, je trace ma route sans accélérer… Ça y est je vois le rond-point : à droite un supermarché (en le voyant je ne peux pas m'en empêcher, résonne en moi le mot « vodka ») mais il est fermé bien sûr. J'y serais certainement allée car dans mon état rien ne m'arrête. Devant moi, un quartier pavillonnaire et une départementale ; à droite c'est la direction du centre-ville et à gauche la sortie de la ville… Il est encore tôt, peut-être sept heures et demie. Je décide d'aller à gauche car je ne reconnais pas du tout Alençon… Je ferai du stop, il faut que je quitte cette ville…

Je marche donc rapidement sur le trottoir et là c'est magique, invisible de loin mais en me rapprochant c'est bien ça : un café ! Et il est ouvert ! À 500 mètres de l'hôpital ! Incroyable ! Je pousse la porte, je commande un café et demande à la dame où je suis… Je suis en Mayenne à une heure en voiture de là où l'on répare notre camping-car…

Malgré ma tête de ce jour de liberté retrouvée, avec mes gestes pas très sûrs, la serveuse me donne quelques numéros de téléphone de taxis, que j'appelle frénétiquement. J'en trouve un qui est disponible pour venir me chercher à 9 heures. Je demande l'adresse du café où je me trouve, et je m'assieds dans un coin où l'on ne peut pas me voir de l'extérieur, je bois mon café… J'ai des sensations qui m'effrayent un peu, je tremble légèrement, je suis en alerte… Je ne me sens pas stable du tout car je suis dans l'interdit et l'infraction. En vérité, j'ai un peu la trouille et surtout je suis en état de manque…

Je ne vais quand même pas demander une vodka à la serveuse, l'hôpital est à côté et elle doit certainement avoir leur numéro de téléphone, je suis en zone à risques… Je dois ne pas être trop amochée pour qu'elle ne donne pas l'alerte…

Et là le tiroir de l'alcool s'ouvre à nouveau dans ma tête. D'avoir vu ce magasin, il se remet en marche, je ne réfléchis plus : le stress d'avoir fui, l'angoisse de partir et celle de rentrer à la maison… Pas de médicaments… Je sens que je suis faible. Il me faut un booster, il me faut de l'alcool, il me faut de la vodka.

Pourquoi la vodka ? Parce que c'est l'alcool le plus efficace, qui se sent le moins et que je m'y suis habituée, je connais ses effets et à quelles doses.

Alors d'un air innocent je demande à la dame du café :

– À quelle heure ouvre le supermarché ?

– Huit heures et demie…

Je regarde l'horloge sur le mur. Il ouvre dans moins de dix minutes mais je sais que je prendrais des risques car il faut traverser le rond-point de l'entrée de l'hôpital pour y aller… OK, de toute façon, mon instinct animal et cette vision d'alcool à portée de main sont les plus forts et la solution à mes angoisses… Je signale à la dame du café que je vais au supermarché et que je reviens vite, si le taxi arrive, qu'il m'attende.

Je me couvre et je sors, il fait encore nuit à cette heure-là et il pleut… Je refais le chemin vers l'hôpital. Sur le passage piéton, je baisse la tête, je passe, je continue le long de la départementale et j'arrive au supermarché encore grillagé… J'ai juste le temps de fumer une cigarette avant qu'il ouvre. Je suis la première cliente et je suis pressée car j'ai peur de tomber sur du personnel de l'hôpital, on ne sait jamais. Je me dirige vers le rayon des yaourts complets puis je prends une petite bouteille d'eau et je me dirige enfin vers le rayon que j'attends depuis le début – je ne pouvais y aller en premier, c'était trop visible – celui des alcools forts et là, je la prends : une grande bouteille de vodka… Ni petite ni moyenne, une grande ! Je sais que ça part vite avec moi et je veux qu'il m'en reste pour mon retour. Ça me rassure, c'est ma béquille.

Bien sûr, je me dis que ce n'est pas bien, que la bouteille est un poison mais je sais aussi que je vais malgré tout me sentir mieux. C'est comme soigner le mal par le mal. Si seulement je pouvais m'en passer, mais je ne peux pas… L'emprise et le besoin sont autant psychologiques que physiques.

J'attends le caissier, ça y est, il arrive. Il est long. Je sais qu'il est encore un peu tôt mais je suis pressée, moi. Pressée de rentrer au café et pressée de boire ma potion magique. Je paye, il pleut, je mets la bouteille de vodka dans mon sac. Et ma capuche.

Je refais le chemin inverse, il pleut de plus en plus, je baisse la tête et je m'apprête à traverser quand, du coin de l'œil, je vois une voiture à laquelle je dois céder le passage au rond-point. Et là, je la reconnais, c'est le médecin, incroyable ! Il fait encore nuit, et comme elle n'a jamais vu ma silhouette avec mon manteau et ma capuche, elle ne me reconnaît pas. Elle redémarre et part. Elle ne m'a pas regardée, j'étais une ombre sur le trottoir dans la nuit mouillée.

Je continue vers le bistro. Je presse le pas, alerte comme un animal traqué et coupable d'avoir acheté ce poison dont j'ai tant besoin pour me calmer. Je rentre dans le bar, je recommande un café, je pose ma bouteille d'eau sur la table et mon grand yaourt et je file aux toilettes pour boire ma vodka… Je bois, j'avale l'alcool (pur ça me gêne pas) et je compte jusqu'à dix, je sais qu'au goulot cela fait déjà une bonne quantité, j'ai l'habitude… Je tire la chasse d'eau pour être crédible…

Et je ressens déjà les effets. C'est immédiat ! Ça y est, je suis allégée. Je « respire » à nouveau, j'ai eu ma dose. Je me sens enfin apaisée, presque tranquille et sereine, prête à attendre le taxi. Je me force à manger mon yaourt, j'espère que cela va me faire du bien d'avoir autre chose dans le ventre. J'observe un couple et deux enfants assis à deux tables de moi… Ce sont des habitués de la maison, ils connaissent la patronne. Les enfants, eux, me regardent. Ils viennent prendre le petit déjeuner et ils m'observent. Ils sont presque insistants mais une fois de plus je n'en ai rien à faire de ce qu'ils pensent, le principal est dans mon sac. Cela fait une belle lurette que je me fous du regard des autres quand j'achète de l'alcool… Épicerie, supermarché, restaurant. Rien à faire ; j'assume ! Mais là, ils ne sont pas censés savoir que je me suis enfuie de l'hôpital, je suis juste une étrangère de passage un peu bizarre c'est tout.

Pourtant, le risque est permanent. Ils doivent avoir le numéro de l'hôpital au café… Je ne dois pas être la première ni la dernière à prendre la poudre d'escampette. Cela prouve que je n'avais quand même pas trop mauvaise mine.

Encore quelques minutes avant que le taxi n'arrive, je retourne aux toilettes, je reprends ma bouteille et je recompte jusqu'à dix… Je redresse la bouteille et je vois que je l'ai déjà bien descendue, mais ce n'est pas grave tant qu'il y en a encore...

Le taxi arrive enfin, je monte dedans, direction le camping-car et mon ami... Je suis alcoolisée mais sauvée des griffes de l'hôpital qui voulait me garder... Je me sens protégée dans le taxi même si j'ai la peur au ventre de retrouver ce qu'est devenue ma vie et que je n'aime pas. Car je n'étais plus à ma place, et ma place n'était nulle part... Je n'aimais pas ce que j'allais retrouver, l'état des mots et des choses que j'avais dû laisser derrière moi dans ma folie alcoolique. Je savais que j'allais avoir des explications à donner, et des excuses à faire...

En attendant et en y repensant c'est quand même dingue : je fuis l'hôpital, je trouve un supermarché, je trouve un bar ouvert et je me paye le culot d'aller chercher de la vodka en traversant trois fois le rond-point de l'hôpital ! La peur au ventre mais je l'ai fait. De toute façon dès que j'ai vu le magasin c'était plus fort que moi. Quand on est alcoolique, le monde entier peut aller se faire voir, l'important c'est la bouteille... Et en plus on se croit fort et malin.

Une fois arrivée, les gens chez qui nous avions posé le camping-car voulaient que l'on parte par ma faute. Nous ne pouvions cependant pas laisser notre maison là, en panne chez Titoff qui avait promis de la réparer. Il a fini par remplacer notre moteur et en attendant je me suis occupée des œufs des poules et des gosses.

C'était dur de s'occuper des enfants, il y avait une petite de quatre ans et un petit de sept... Quand celui-ci était de dos, j'avais l'impression de voir mon fils et cela m'amenait les larmes aux yeux… Où était-il ? Que faisait-il ? Je voulais revenir en arrière, au temps où nous étions heureux, mais c'était impossible. Je voyais le bonheur des autres et cela me ramenait à ma détresse maternelle, me donnait envie de boire pour enfouir mes ressentis et supporter mon nouveau quotidien.

Quand on est dans cette situation de revenir honteuse après avoir mis le bazar, c'est dur de demander pardon, peut-être parce que l'on sait au fond de soi que l'on recommencera quand l'occasion se représentera. Alors s'excuser quand le mal est fait et que l'on sait, que tout le monde se doute, qu'il y aura une prochaine fois, cela ne sert à rien… Mais on le fait quand même, avec une hypocrisie assumée.

Une question se pose : et le *déclic*, il est où ? Ça vient comment ? C'est quelqu'un qui vous le donne, on doit le trouver tout seul ? Il faut aller jusqu'où pour le trouver ? La perte des valeurs, la perte de la confiance de ses proches, le rejet, l'abandon, la colère, la tristesse, les accidents, la rue, la déchéance, la mort sont plus faciles à trouver que ce putain de *déclic* !!!

C'est quand même un monde car avant que je sois inscrite dans le calendrier du psychiatre d'Alençon, nous y étions allés avec Clément, sans rendez-vous, en disant « c'est urgent, j'ai besoin de vous ! Tout de suite, je suis prête, il faut que je me soigne ! » Et l'on s'était entendu répondre que nous aurions rendez-vous dès que cela sera possible, dans deux à trois semaines… On peut mourir, tuer, blesser, se blesser cent fois en trois semaines quand on boit à ne plus avoir de raison ! J'avais vraiment envie de m'en sortir et je me sentais rejetée par le système… Comme si mon cas n'était pas urgent. Alors qu'il l'était. La détresse doit être prise au sérieux et traitée dans l'immédiat. C'est une forme de suicide de boire autant… Et là on s'entend dire « vous aurez rendez-vous dans trois semaines » ? Mais cela sera peut-être trop tard mon pote ! C'est maintenant que j'ai besoin d'aide, tant que je suis prête et encore vivante… En plus le bâtiment d'addictologie à Alençon est situé juste à côté du crématorium… Tout un programme…

Alors on est repartis… Clément était en colère… et moi désarçonnée, en colère aussi et triste. Tellement triste. J'étais quelqu'un de perdu, je me sentais à la fin de ma vie. Et l'amour de mon fils me manquait tellement… Mais de toute façon, il n'aurait pas apprécié de me voir comme ça.

Et voilà, au bout d'un moment, cette rechute de plus. On m'a raconté ce que j'avais fait, que j'étais tellement alcoolisée que j'avais pris la bouteille d'eau de Javel pour en boire… Je ne sais pas si j'en ai bu réellement car je n'ai pas eu de lavage d'estomac ni de conséquences physiques...

C'est toujours Clément qui était là pour me raconter ce qui s'était passé et pour essayer de me mettre face à la réalité de mon problème. C'est vrai que si pendant deux ans il a beaucoup subi, il a toujours été là pour moi, même s'il ne mâche pas ses mots. Il est clair qu'il ne se rend pas compte à quel point mon addiction est forte et à quel point je me sens coupable et honteuse… Tout l'entourage est démuni face à ce problème qu'est l'alcoolisme… Et quand je bois, je ne me souviens de rien. Absolument rien, c'est le trou noir, le black-out complet.

Chapitre 26
HP ou sevrage ?.....
Le sevrage madame ! Mamers !

Dès que le camion a à peu près refonctionné nous avons fui le woofing, car après l'épisode de l'eau de Javel, l'ambiance n'était plus la même. Après une pause de deux jours à côté d'un lac nous nous sommes installés à Alençon sur un parking, afin que je ne sois pas loin de l'hôpital où j'étais suivie par l'addictologue.

Mais je continuais et je ne pensais qu'à ça… boire ! C'était du sabotage, de l'autodestruction ; j'ai même foutu dehors Clément qui est parti « définitivement ». Je lui envoyais des insultes par texto et des messages, bourrée et ravagée par l'alcool. Le camion fonçtionnait mal, mais je continuais à boire et à trouver assez d'énergie pour aller m'acheter de l'alcool. Je me suis retrouvée seule, sans eau ni électricité, et donc sans téléphone... J'ai tout ravagé dans le camion, brisé une bouteille de vodka sur la table en pin, vernie par nos soins. Comme je n'arrivais plus à monter dans la capucine, je me suis mise à dormir par terre. Le sol collait à cause de la vodka, mais au point où j'en étais je m'en fichais.

Je crois que c'est ma mère qui, de Paris, a téléphoné aux pompiers... Ils sont venus et m'ont amenée à l'hôpital d'Alençon. Là on m'a laissée me reposer puis le médecin m'a prévenue : c'était soit un sevrage de quinze jours à Mamers (un centre à vingt kilomètres d'Alençon) soit l'hôpital psychiatrique. Alors sur mon brancard j'ai répondu : « Le sevrage, madame ! »

Le 16 avril 2018 me voilà donc partie de l'hôpital d'Alençon en fauteuil roulant, dans une blouse ouverte sur le dos. Je n'avais que mon sac et les vêtements que je portais dans un sac de l'hôpital... Arrivée à Mamers un gentil garçon m'a prêté slip, jogging, T-shirt, chaussettes et une dame, une serviette... Je me suis empressée de prendre une bonne douche et de m'habiller normalement. J'avais honte, mes jambes étaient couvertes de bleus.

Dans ce centre de soins classique, les malades alcooliques partageaient un couloir avec les personnes en fin de vie. Comme je n'étais pas prévue au planning, on m'a trouvée une place dans la chambre de l'une d'elles, qui ne parlait pas et avait des problèmes respiratoires... Cela voulait dire subir le bruit de la machine et croyez-moi, cela fait du raffut, surtout lorsque vous êtes en sevrage et que n'importe quel bruit est insupportable... J'étais donc là pour quinze jours, loin de tout le monde... J'ai pu recharger mon téléphone mais je n'avais aucune nouvelle de mon ami, je n'osais pas l'appeler non plus. Je me disais que cette fois c'est bel et bien fini... J'étais triste mais j'acceptais mon destin...

Comme je n'avais pas beaucoup de vêtements, j'en achetais sur internet... Petit à petit je reprenais forme féminine, sans chichis vu l'endroit. J'étais fatiguée, épuisée et le fait d'être avec les mourants ne me redonnait pas le moral. La nuit les infirmières m'installaient un matelas par terre dans une pièce de rencontre pour m'épargner les bruits de la machine, sans parler des odeurs de la chambre... Cela faisait rire beaucoup de monde que je doive coucher par terre dans une salle au bout du couloir.

En tant que patient, on était libres de nos mouvements et je faisais la bonne élève, je participais activement aux activités, nutrition, cigarettes, consommations diverses et rendez-vous avec des associations.... Mais celles-ci ne sont constituées que de personnes relativement âgées, là où nous les patients, sommes plutôt jeunes... Une fois de plus, ce n'était pas adapté.

Au bout d'un moment j'ai pu avoir une chambre, avec une dame qui parlait beaucoup et toujours d'alcool. Je commençais à en avoir assez et à vouloir autre chose pour moi, j'ai donc demandé à changer de chambre et la dame a décidé de partir parce qu'elle se sentait abandonnée...

J'ai téléphoné à mes parents. J'étais loin de Paris mais ils sont venus. Ils sont rentrés dans le camping-car et ont contacté un garagiste pour qu'il vienne le chercher. Ils ont pu me prendre quelques vêtements et le nettoyer un peu. Ils m'ont aussi amené ma voiture pour que je puisse rentrer me réfugier dans la Nièvre à la fin du sevrage. J'étais bien en leur compagnie... Je commençais à me rendre compte que j'étais fatiguée d'être alcoolique...

Le jour de leur départ ils m'ont parlé de Thimeo qui était avec son oncle, ils m'ont montré son carnet de notes de cinquième lorsque nous étions sur le banc au soleil. Ensuite nous avons croisé cette dame qui avait choisi de quitter le sevrage parce que j'avais changé de chambre… Elle était saoule. C'était triste de la voir dans cet état et mes parents en ont profité pour me dire : « Tu vois où ça mène l'alcool… » Oui, je le savais déjà.

Un jour j'ai reçu un coup de téléphone et j'ai su que Clément était du côté de la Nièvre, hébergé chez des connaissances… Je me demandais alors ce que j'allais faire de ma vie, pensant que c'était vraiment fini avec lui, me demandant où j'allais aller. Je ne voulais pas rester là mais grâce à l'assistante sociale de Mamers j'avais fait des démarches de demandes de logement HLM à Alençon, dans les Hauts-de-Seine…

La cure de quinze jours allait se finir, mes bagages étaient prêts depuis la veille au soir, je pensais à Clément, mes parents et mon fils… et je savais que j'allais reprendre le volant pour faire plus de 300 kilomètres toute seule. J'appréhendais de rentrer mais j'étais heureuse, c'est vrai que j'allais mieux. Je suis sortie de Mamers, j'ai fait le plein, je suis rentrée dans un magasin pour acheter une clef USB pour recharger mon téléphone avec l'allume-cigare et je n'ai pas pu m'en empêcher, c'était un réflexe, j'ai acheté de la vodka pour mon retour.

Je n'y ai pas touché jusqu'à ce que j'arrive à cinq kilomètres de la maison où se trouvait Clément. Il faisait beau, c'était le printemps, presque l'été, les champs de colza étaient tout jaunes. La région est vallonnée, c'était vraiment magnifique.

Cinq kilomètres avant d'arriver, j'ai donc recommencé à boire. Et je me suis tout de suite sentie un peu plus en confiance pour retrouver Clément. Celui-ci croyait, espérait que j'avais peut-être changé, que j'avais eu le *déclic* cette fois-ci… Mais non. Il trouvait que j'avais un comportement bizarre et il avait raison. Mais je n'ai rien dit.

Au fond de moi j'étais super angoissée, non pas parce que j'avais de l'alcool avec moi, au contraire cela me rassurait, mais à l'idée de devoir récupérer le camion à Alençon, pas complètement réparé ni complètement en panne… Et puis quoi faire après, reprendre la route ? Pour aller où et faire quoi ? Les questions revenaient… et j'étais loin de mon fils même si celui-ci ne voulait pas me voir. J'étais encore perdue.

Du coup on a réinvesti les lieux à la campagne, et Clément a téléphoné à l'un de ses cousins pour qu'il accepte avec sa femme de nous emmener à Alençon avec ma voiture et que nous, nous revenions avec le camion.

C'est Clément qui conduisait une fois de plus et heureusement pour nous tout s'est bien passé… On a fait l'aller-retour en une journée.

Chapitre 27

La suite logique : l'hôpital psychiatrique

Là, tout s'est accéléré…

J'allais très mal. Quand je buvais, je criais dans le jardin. Les voisins même éloignés m'entendaient, ils s'inquiétaient. J'ai fini à l'hôpital de Clamecy où ils me connaissent bien : j'ai dû y aller en état d'alcoolémie au moins quatre ou cinq fois, avec ou sans les pompiers. Après un peu de repos, l'hôpital me laissait repartir en taxi.

C'était une dame, le taxi. Je m'asseyais devant et connaissant la route, je savais qu'on allait passer devant un supermarché. Je lui disais que j'avais soif, qu'il me fallait du sucre, du coca. Je lui demandais si elle voulait quelque chose et l'on s'arrêtait au magasin. Le premier rayon que je faisais était celui des alcools forts, puis celui du coca… Je cachais la bouteille de vodka dans mon sac et hop, ni vu ni connu, je rentrais à la maison.

Bien sûr nous avions des discussions avec Clément mais dès qu'il avait le dos tourné, je buvais quelques gorgées. En fin de journée, il se rendait bien compte que quelque chose sonnait faux. Alors je lui ai dit la vérité…

et ça s'est répété, je suis retournée à l'hôpital : même taxi, même stop au magasin… Mais cette fois mon ami a fouillé mes affaires : prise la main dans le sac.

Comme j'étais en manque d'alcool, j'ai téléphoné pour aller en sevrage à Decize, dans la région, et j'ai été acceptée dès le lendemain.

J'avais envie de boire et l'infirmière au téléphone a donné son accord pour que l'on aille me chercher de la vodka, vu que je rentrais le lendemain dans le centre... Le jour même je ne voulais plus y aller, je voulais descendre de la voiture en marche, mon ami me retenait. Je n'y suis finalement restée qu'un jour. C'était un sevrage de plus... Les mêmes fonctionnements, les mêmes odeurs, la même population… J'étais libre de repartir puisque j'étais venue de mon plein gré.

Je suis attachée à la Nièvre, c'est une partie de mon enfance et j'y avais trouvé un certain équilibre, certes alcoolisé mais je m'essayais à la tâche de boire moins et de profiter de la nature. Je bossais dur dans le jardin avec Clément, même si la picole était toujours là : une bouteille de vin le midi et/ou quelques bières et une bouteille de vin le soir. Quand on est alcoolique comme moi, on est dans la frustration de ne pas pouvoir boire plus, c'était un sentiment qui ne me quittait pas, et les 13 % d'alcool ne me suffisaient pas, ça ne me trompait pas du tout.

Je continuais à boire… Le 28 mai 2018, toujours sous alcool, je me suis mise à hurler, je criais au suicide… Je me roulais par terre dans le jardin, dans un état complètement inconscient, je n'étais plus moi-même. L'alcool m'avait rendue folle et suicidaire, je disais : « Je veux mourir, je veux mourir ».

Les voisins et Clément, plus qu'inquiet, ont appelé les pompiers, l'adjoint au maire est même venu et j'ai été une nouvelle fois à l'hôpital de Clamecy. Ils m'ont laissée tranquille, je pouvais aller fumer des cigarettes et je demandais quand je pourrais sortir… Je n'avais aucune réponse mais j'allais plutôt bien après cette cuite… Puis deux dames des services sociaux se sont présentées, et m'ont annoncé qu'elles m'envoyaient dans une unité spécialisée à La Charité-sur-Loire. Sur le moment je n'ai pas tout à fait compris ce que cela voulait dire… J'attendais gentiment, j'étais perfusée mais je continuais à aller fumer avec ma chemise d'hôpital. Une infirmière est venue qui a pris toutes mes affaires. Ça c'était mauvais signe, j'ai juste pu garder mon sac personnel mais pas de chaussures : la chemise et le drap de l'hôpital sur moi, c'est tout. On m'a mise sur un brancard dans une ambulance pour un trajet qui m'a paru très long.

Je suis donc entrée en hôpital psychiatrique avec une décision d'admission en soins psychiatriques en cas de péril imminent en l'absence de tiers le 29 mai 2018 à La Charité sur Loire.

On arrive devant un bâtiment sordide, les infirmiers de l'ambulance appuient sur une sonnerie et de l'autre côté de la porte en glace, un infirmier vient, avec un énorme trousseau de clefs, ouvrir une première porte, puis une deuxième avec une autre clef pour que nous puissions rentrer. Là ce n'était plus un hôpital comme les autres, j'étais dans un hôpital psychiatrique, je l'ai tout de suite vu en regardant les autres patients. J'ai eu très peur.

J'ai été prise en charge immédiatement, on a fouillé mes affaires, retiré tous les câbles, chargeur de téléphone, casque de musique, cigarettes, briquets, mes médicaments avec ma pilule, puis on m'a expliqué que suite à de trop nombreuses hospitalisations à Clamecy et comme je parlais de suicide, j'avais été placée ici à la demande d'un tiers. J'ai immédiatement demandé une copie du document car il était hors de question que je reste là. Je suis alcoolique : je ne suis ni schizophrène, ni folle, ni bipolaire. Je suis juste pleine de tristesse mais j'aime trop la vie pour y mettre un terme de moi-même, même en buvant jusqu'à en tomber par terre. C'était du désespoir, un réel et profond cri de désespoir.

Le bâtiment était vétuste, il y avait une grande verrière, au bout d'un immense et long couloir, qui nous permettait de nous asseoir et de regarder dehors. On pouvait faire des pauses clopes toutes les heures jusqu'à vingt-deux heures mais il fallait faire la queue pour que l'on nous donne des cigarettes et du feu. J'étais sous le choc car pour aller fumer aussi il fallait de grosses clefs pour ouvrir la porte. Les jeunes étaient soit très excités, soit très calmes et dépressifs profonds. Les uns étaient hagards ; les autres, la bouche pendante, marchaient à peine. On voyait l'effet de certains traitements qui devaient être très lourds, je ne voulais pas devenir comme ça et j'étais donc très méfiante par rapport à ce que l'on me donnait.

Les chambres à l'étage restaient ouvertes, bien sûr il y avait des vols, des intrusions… Difficile de se reposer quand on n'a le droit de prendre l'air frais et de fumer une cigarette qu'une fois par heure et que tout est fermé. Les fenêtres des chambres ne s'ouvraient pas… J'étais évidemment observée de près quand j'allais fumer, quand j'errais dans les couloirs et par la fenêtre qui donnait dans ma chambre. Ils devaient regarder aussi à qui je parlais, mon comportement, mon répondant.

J'ai vu la psychiatre, une Russe, qui m'a dit « OK, vous restez là trois jours et si un membre de votre famille vient vous chercher vous pourrez sortir ». J'ai donc couru téléphoner à ma mère pour qu'ils viennent me libérer de cet endroit qui était un enfermement pur et dur, médicalisé et avec des individus plus ou moins dangereux… Elle m'a dit qu'ils viendraient dans trois jours. J'ai insisté parce que ce n'était pas du tout adapté pour moi, qui suis alcoolique mais pas folle. Ce ne sont pas les mêmes pathologies.

Que le temps me paraissait long ! Contrairement à une cure il n'y a aucune activité… et là ce n'était pas moi qui cherchais les mégots dans les cendriers, c'étaient les anciens. Comme dans les autres centres, il y avait par contre des patients qui revenaient régulièrement pour des durées plus ou moins longues, d'autres qui ne savaient pas quand ils allaient sortir et qui s'en préoccupaient pas… Oh la la, je ne voulais pas ça pour moi !

Un des patients de longue date, un peu bourru, était là car il avait fait une tentative de suicide suite à la mort de sa femme. Lorsqu'il allait voir la psychiatre, elle lui demandait s'il se rendait compte de ce qu'il avait fait et il lui répondait toujours oui, et que si c'était à refaire, il recommencerait. Ce n'était pas ce que la psychiatre voulait entendre, on lui conseillait de dire autre chose, de dire qu'il regrettait mais non, rien à faire, il ne voulait pas en démordre. Il était là pour un bon moment encore et cela ne le dérangeait pas.

Même dans cet HP, le trafic de cigarettes et de briquets était courant. Les anciens fumaient dans leurs chambres malgré les interdictions et les fouilles. Mais ils n'en avaient rien à faire de ne pas respecter la loi. Ils ne comptaient pas sortir.

Arriva le jour où je devais partir, trois jours après mon arrivée, une éternité.

Je dis bonjour à ma mère, mon père ne me regarde même pas... Ils vont directement dans le bureau de la psychiatre. Ils parlent mais je n'entends rien. Je vois mon père se lever, crier, et être foutu dehors par des infirmiers, après les deux passages de clefs. Je suis choquée, je ne comprends pas ce qu'il s'est passé.

On m'invite à m'asseoir dans le bureau avec ma mère, on se tient la main et la psy m'explique que mon père est très en colère que l'on me laisse sortir, que je suis malade et que si je sors je vais reboire, alors j'explique qu'ici ce n'est pas ma place en tant qu'alcoolique. La psychiatre est d'accord et me propose de rester la semaine. Elle suspend le placement à la demande d'un tiers aujourd'hui, le 1er juin 2018, à la condition que je reste vraiment pendant une semaine... Comme je n'ai pas le choix, j'accepte. Elle ajoute qu'elle ne peut pas faire autrement car mon père, qui sentait le pinard à vingt mètres, l'avait menacée et qu'il n'avait pas un comportement normal. Que c'était à cause de cela que je devais rester dans cet HP plus longtemps, qu'elle n'aimait pas les menaces.

On sort du bureau, maman reste un peu avec moi, mais je veux l'épargner, l'endroit est triste et lugubre, les patients font peur, l'enfermement fait peur... La séparation est douloureuse, mais c'est mieux ainsi, pour elle et pour moi. Elle m'a apporté plusieurs petites choses dont un livre qui parle du bonheur de vivre : *Vivre content* de Jean-Louis Servan-Schreiber.

Dans *Vivre content* l'auteur nous parle de lui, pour, évidemment, nous parler de nous. De notre incapacité à profiter de ce qui nous est offert, de ces projections dans le futur et de ces regrets du passé qui empêchent de savourer le moment présent. Il ne prétend pas donner des solutions mais propose de « s'appuyer en toute occasion sur les aspects positifs de ce qui nous arrive ». Il s'attarde sur la famille, « terreau de nos névroses ». Tout cela pour comprendre que nous ne pouvons changer le monde et sa réalité mais que le travail vers le « contentement » est de l'accepter et le gérer pour le vivre le moins violemment possible... Provoquer soi-même la chance qu'on attend des autres. On se surprend à sourire, à espérer, à prendre de bonnes résolutions.

Son livre m'a beaucoup aidée à comprendre la chance que j'avais d'être vivante et en bonne santé… Je comptais chaque minute qui passait. Et le livre m'a permis de passer le temps en retrouvant un peu d'espoir dans cet univers très brutal et violent, il m'a ouvert les yeux sur ma vie que je pouvais encore changer. Il m'a fait prendre conscience qu'il n'est jamais trop tard.

Durant la semaine que j'ai passée en HP, je me suis aperçue qu'il y avait aussi des petits vieux qui n'avaient rien à faire là, qui devraient être en maison de retraite. Les pauvres restaient la tête penchée sur leur assiette et ne bougeaient presque pas. Le personnel ne s'en occupait pas, c'étaient des patients qui les aidaient à manger et à ne pas s'étouffer avec la nourriture.

Puis une nuit, il y a eu beaucoup de bruit. Quand c'est comme ça, mieux vaut ne pas sortir… C'était quelqu'un qui venait de se suicider…

Oui, la mort était partout ici… Médicamenteuse, privée de liberté, plus de contact avec les éléments et la vie, enfermée, le bruit des clefs et des portes qui s'ouvrent vite et se referment encore plus vite, surveillée par des petits chefs qui ont tout pouvoir sur vous. Le mieux est de ne pas y rentrer. C'est pire que la prison car une fois dedans on ne sait plus si on va réussir à en sortir. Il n'y a pas de date de sortie, les psychiatres ont tout pouvoir et peuvent facilement changer d'avis sur votre situation.

Quand j'étais dans les couloirs, je regardais le règlement de l'hôpital et, sous l'influence bénéfique de mon livre, j'ai pris conscience qu'ayant ce document de « décision de fin de soins psychiatriques » daté du 1er juin 2018, j'étais en droit de demander à partir plus tôt, de demander au psychiatre de me laisser partir malgré la semaine que je devais passer ici.

Il me restait deux jours et je savais que chaque minute que je passais dans cet endroit était du temps que l'on volait à ma vie. Qu'il était légitime après ces prises de conscience que je veuille partir et reprendre ma vie en main, être de nouveau libre, loin de cet endroit si angoissant. J'ai donc attendu le médecin qui devait deviner pourquoi je restais devant son bureau mais qui n'a pas voulu me recevoir. Je l'ai attendue jusqu'à ce qu'elle sorte et lui ai dit que je voulais partir. Que j'en avais le droit. Je lui ai exposé mes arguments très calmement comme je l'avais fait précédemment avec le personnel de l'hôpital pour tester si ma demande était légitime ou non, et elle l'était d'après les avis que j'avais eus, la loi étant de mon côté… La psy n'a rien dit, elle était accompagnée du chef de service qui m'a parlé sur un ton très virulent en me disant que j'avais donné ma parole de sortir deux jours plus tard et qu'il était hors de question de changer la date de sortie. Il m'a même demandé si j'avais bu quelque chose, m'a dit qu'il fallait que je reste calme parce que sinon ils allaient me remettre un placement à la demande d'un tiers pour un mois !

J'étais estomaquée, je n'en croyais pas mes oreilles : déjà que l'on m'accuse d'avoir bu quelque chose (on se demande quoi et comment !) alors que j'avais un comportement irréprochable et d'une extrême politesse mais qu'en plus on me menace d'un placement d'un mois pour une demande légitime ! Je me suis vite écartée de cette conversation que j'avais voulue constructive et j'ai compris à quel point ces personnes avaient tout pouvoir sur vous en détournant la vérité et vous menaçant sans scrupule au sein de leur établissement.

Ils outrepassaient leurs droits, le droit du patient était pourtant bien affiché dans la charte de l'établissement… J'étais à leur merci. J'ai eu très peur pour moi. J'allais donc devoir prendre mon mal en patience et rester dans cet endroit dangereux. J'étais constamment sur mes gardes aussi bien vis-à-vis du personnel, en qui je n'avais plus aucune confiance, que vis-à-vis des patients qui pouvaient être à chaque instant imprévisibles et violents.

J'avais Clément au téléphone de temps en temps mais j'étais au-delà de la honte. J'étais en HP. J'avais franchi une étape et, même si je n'étais pas à ma place… j'y étais. Alors je ne voulais pas trop lui raconter ce que je vivais, ce que je voyais.

Il ne fallait pas que je me démonte. Car même si on n'est pas fou, dans un endroit tel que celui-ci on peut vite le devenir. Alors je me replongeais dans le livre de ma mère.

C'est Clément et notre cher voisin, Jacques, qui sont venus me chercher le jour du départ, le 5 juin 2018. J'étais sous le choc, et je suis restée choquée par cette expérience de longs mois encore. J'y pense toujours, je serai marquée à vie.

Chapitre 28

Changez d'alcool et allez à la Vennerie !

À la sortie de l'hôpital, le 5 juin 2018 je suis allée voir le seul médecin qui restait dans les environs… J'avais demandé à ce que Clément puisse venir avec moi en consultation mais le médecin a invoqué le secret médical… Après m'avoir prescrit quelques médicaments, il m'a parlé franchement : si j'avais des difficultés à rester abstinente totale, je devais me tourner vers d'autres alcools mais surtout ne pas retoucher à la vodka.

Je suis sortie de la consultation toute contente : j'avais l'autorisation de boire ! Ni une ni deux, je me suis mise au Ricard puis à la Suze. Et j'en ai abusé ! Tous les jours, je buvais une bouteille de Suze, en plus du vin. Et je retournais, sans scrupules, acheter d'autres bouteilles le lendemain : c'était permis et recommandé par mon médecin ! Clément lui aurait cassé la figure s'il avait pu. Comment un médecin pouvait-il donner un tel conseil ?

Un jour, ma mère m'a annoncé que comme ils n'avaient pas assez d'argent pour partir au bord de la mer, ils passeraient leurs vacances dans la maison de campagne.

Thimeo serait là et puisqu'il ne voulait toujours pas me voir, nous nous sommes réfugiés dans la maison où j'ai grandi en banlieue parisienne, où je m'étais également tellement alcoolisée, où la chambre de Thimeo était vide à côté de la mienne… Tous ces souvenirs… Cela allait être dur de tenir. Je n'ai pas pu faire autrement que boire encore et encore.

Nous nous occupions là aussi du jardin, ce qui ne m'empêchait pas de reboire, et j'ai fait une crise. Les pompiers sont venus, la police aussi mais ça s'est bien fini : ni hôpital ni prison pour personne.

Quand mon Thimeo a pris l'avion pour aller en colonie de vacances en Corse et ensuite passer une semaine chez sa marraine, nous avons rejoint mes parents à la campagne. Je ne sais plus le nombre de manigances, et de quelle manière je m'y prenais mais j'étais constamment à l'affut d'alcool. Je me débrouillais pour en acheter, en boire et je réussissais même en étant « surveillée », même après l'HP. Mon père cachait des bouteilles que je trouvais, en plus de celles que je buvais de mon côté. Mes parents étaient dépassés, et Clément se souvient à quel point il a eu mal au dos car j'avais constamment envie d'aller aux toilettes et qu'il devait me porter. Je ne pouvais plus marcher tellement j'étais saoule.

Un jour les pompiers sont venus trois fois à la maison… mais je suis restée et ils m'ont laissée dormir.

Avec Clément, il n'était plus question de revenir à Paris. Nous avions besoin d'autre chose. On a donc repris le camping-car et nous sommes allés dans le Morvan, au lac des Settons, où nous avons passé de bons moments, au calme… On s'alcoolisait encore, mais modérément… J'avais toujours la frustration de ne pas pouvoir boire plus. Je créais des problèmes pour pouvoir aller au magasin toute seule acheter des flasques de whisky et autre chose. Je continuais à gâcher tous les moments de bonheur. J'étais trop malheureuse : mon fils était à quelques kilomètres et je ne pouvais pas le voir… Finalement on a décidé de rentrer la veille du jour prévu pour avoir une chance de rencontrer Thimeo et que je puisse le serrer dans mes bras, mais une fois arrivés mon père m'a dit que cela se voyait sur mon visage que j'avais bu la veille et n'a pas tenu à aller plus loin.

Je continuais à boire et à boire... Tout sauf de la vodka comme me l'avait conseillé le médecin mais toujours dans l'optique d'oublier, de me mettre sur pause… Voyant mon état mon père est finalement allé rencontrer ce médecin qui a avoué ne pas être spécialiste en addictologie. Il lui a tout de même donné l'adresse de deux centres. Nous nous sommes rendus au premier mais c'était aussi un hôpital psychiatrique avec de grandes grilles et une caméra de surveillance. Ils ne laissaient entrer personne. Même le médecin ne pouvait pas recevoir ses propres patients dans cet hôpital, et il ne le savait pas lui-même.

Le deuxième établissement, la Vennerie, était une maison de retraite qui avait ouvert une unité d'addictologie. J'étais d'accord pour y aller, d'autant qu'ils me proposaient l'hôpital de jour et de rentrer chez moi le soir… Je me suis cependant aperçue en deux ou trois jours que cela n'allait pas convenir. Il y avait des activités mais encore une fois ce n'était pas adapté à ma pathologie… Je ne voyais pas comment faire des marques-pages ou une « thérapie par le travail » en repeignant les volets pouvait m'aider dans ma maladie… De plus je voulais un réel suivi avec une psychologue, mais celle du centre ne pouvait pas me recevoir et me dirigeait vers une association. Pareil pour l'assistante sociale. Même l'addictologue ne pouvait pas me faire de prescription car j'étais en externe. Elle me demandait d'aller voir mon super généraliste… qui n'était pas compétent en addictologie… Le serpent se mordait la queue.

Puis il y a eu une réunion d'information sur une association, l'Anpaa, avec une dame très gentille, directe. Je l'ai bien écoutée, j'ai aimé son approche de la maladie alcoolique et je suis donc allée la voir. J'ai téléphoné le lendemain pour prendre rendez-vous avec elle et un addictologue, qui me suivent encore aujourd'hui toutes les semaines. J'ai donc arrêté la Vennerie, j'ai également arrêté de voir le médecin, et j'ai décidé de prendre enfin soin de moi, de revenir à la vie en me rapprochant de cette association, l'Anpaa, où j'ai pu rencontrer un addictologue compétent qui fait preuve de compréhension de la maladie, compatissant à mon histoire. Je continue à voir cette dame qui avait fait la promotion de l'association à la Vennerie. Petit à petit, en leur parlant à tous les deux chaque semaine, je reprends confiance en moi. Je me sens véritablement encouragée dans ma démarche de soin définitif vis-à-vis de l'alcool.

Mais en fait ce fameux *déclic* je ne l'ai jamais eu, ou du moins, il n'est pas venu à moi comme je le pensais.

Chapitre 29
L'abstinence : la vision d'un tourbillon

Jamais, depuis que la boisson était entrée dans ma vie, je n'avais pu concevoir le fait de ne plus boire un alcool, quel qu'il soit, de ma vie entière. Cela me paraissait tout simplement impossible.

La veille du fameux miracle qui a fini par se produire, je me suis alcoolisée jusqu'à plus soif ; une dispute a éclaté entre Clément et moi et je lui ai vendu le camping-car. J'en ai ressenti une grande délivrance. C'était comme si je commençais à tourner une page sur toutes les souffrances – celles que j'avais vécues et celles que je lui avais fait vivre – puisque je refusais ce choix de vie.

C'était le 18 novembre 2018. Depuis, je n'ai plus touché à une seule goutte d'alcool, et je n'en ai plus jamais eu envie.

Le lendemain matin, avec l'estomac en vrac et la tête qui tournait, je suis sortie dans le jardin et j'ai eu une sensation d'évanouissement debout, la vision d'un tourbillon devant la maison, au soleil… Un tourbillon dans lequel je sentais l'alcool me brûler la gorge, abîmer mon corps et ma tête, mon système nerveux. Je sentais l'odeur des ambulances, les odeurs des hôpitaux et leurs bruits. Je sentais les sangles qui m'empêchaient de bouger… Et j'ai vu l'alcool, la vodka, comme le représentant de l'enfer, de la maladie et de la mort imminente avec le sentiment de manque si détestable et périlleux. La vision de la police, des pompiers, des brancards, des sangles et des sondes urinaires, l'enfermement, le temps qui passe et que je ne retrouverai jamais. Toutes les catastrophes auxquelles j'ai échappé, en voiture, en camping-car, pendant les disputes avec Clément. La folie alcoolique, les bagarres, et mon fils que je n'avais plus. Mon fils, qui allait mal, qui n'allait plus à l'école pour sa quatrième, le manque de personnel, d'éducateurs pour l'aider et mes parents qui étaient seuls, ne sachant quoi faire pour mon enfant…

Ce tourbillon d'images, de sentiments ; ces désillusions, ce passé douloureux, ces souffrances, ce fut le fameux *déclic*.

J'approchais de mes quarante ans, je ne voulais plus vivre l'enfer de l'alcool ni pour moi ni pour mes proches. J'ai été très loin dans l'alcoolisme, j'y ai perdu beaucoup : mon fils, mon intégrité, la confiance que l'on pouvait m'accorder. J'ai causé beaucoup de peine et de malheurs à ma famille. Mon corps, ma tête, ne voulait plus de cela… La case alcool s'est refermée pour toujours. Ce tourbillon m'a donné le courage et l'espoir de redevenir un pilier dans la vie de mon fils, d'être là pour lui de nouveau. C'est une prise de conscience qui est en moi 24 heures sur 24.

L'Amour de Clément est indissociable de cette prise de conscience et son soutien a été indéfectible pendant deux ans et demi. Sans lui je serais morte depuis longtemps… Je pense à tout ce qu'il a dû souffrir pour moi, mon Homme, tous ces moments de solitude que ma famille, mon fils ont dû vivre. Mon fils que j'ai perdu, qui ne me pardonnera jamais toutes ces peines et d'avoir gâché sa vie.

Mais j'ai retrouvé le plaisir de sentir le vent dans mes cheveux, sur mon visage, d'entendre les oiseaux, de me sentir libre. Le bonheur de pouvoir se lever le matin et de se souvenir de ce que l'on a fait la veille. L'envie et la possibilité de se reconstruire, car avec l'alcool j'avais perdu la confiance en moi, la capacité de gérer mes émotions… Finis le courage que vous apporte l'alcool, cette illusion que le produit donne de pouvoir supporter sa tristesse infinie. Je suis heureuse et la peur n'est plus la même…

Je voudrais vous faire part d'une de mes premières victoires. Il y a peu je me suis disputée avec mon ami. Je suis donc partie faire des courses toute seule, en colère et triste, mais avec la merveilleuse satisfaction de ne pas ressentir le besoin d'alcool. Je savais que j'allais prendre juste ce dont nous avions besoin et rien de plus. Cela faisait cinq ans que je n'avais pas fait de courses seule sans acheter d'alcool. Cela s'est reproduit, et à chaque fois j'ai un sourire intérieur inimaginable. Le chapitre n'est pas clos mais ma date d'abstinence totale est le 18 novembre 2018 et je suis bien vivante, je me retrouve jour après jour.

J'ai compris que si j'avais bu autant c'est que je n'avais pas été respectée en tant que femme et mère par Julio et à cause de ce qui est arrivé à Thimeo si jeune, de la difficulté à se faire reconnaître comme victime… En me connaissant mieux, j'ai réussi à me sortir de l'alcool. Avant, je n'arrivais pas à admettre et accepter le passé.

Je n'ai plus aucune nouvelle de Julio depuis quatre ans. Il me doit 20 000 euros de pensions alimentaires non payées, je sais que je ne les toucherai jamais. Le fonctionnement de la société est une honte pour les pensions alimentaires car la CAF ne prévoit que deux ans de rétroactivité… Mais Julio expliquera cela à son fils plus tard… Moi je ne veux plus me laisser envahir par la haine et la rancœur. Si l'on me pose la question : « Vous avez choisi l'alcool plutôt que votre fils ? » Je répondrai : « Non, ce n'est pas comme cela que ça passe. On noie sa peine quand celle-ci est trop grande, et la route de la souffrance psychologique a été longue avant que je plonge dans cette drogue qui est partout et facile d'accès : “drogue dure”, tueuse en vente libre ! Après c'est l'alcool qui vous noie… et plus rien n'existe d'autre que ça. Il n'y a plus de choix à ce moment-là. Il n'y a que l'alcool. »

Le 12 décembre 2018 a été rendu le jugement de reconduction du placement en AEMO de Thimeo. Mon fils est resté sans éducateurs tout au long de l'année. Nous en avons eu quatre ou cinq en un an, mais ils étaient tous stagiaires. Leur présence est allée de trois semaines à trois mois, alors qu'on nous promettait à chaque fois un accompagnement de longue durée. Comme à l'ASE, l'ensemble de la famille a rencontré chacun d'entre eux, mettant chaque fois en eux tous nos espoirs, racontant encore et encore notre vie, chaque fois depuis le début car ils changeaient tout le temps et ne semblaient pas prendre le temps de lire le dossier de Thimeo. La dernière est restée jusqu'à l'audience, il avait donc une éducatrice ce jour-là, mais elle est partie peu de temps après, nous laissant à nouveau dans une maltraitance institutionnelle, dans le vide complet d'une institution qui n'a pas les moyens de ses ambitions. Cela nous perturbe mais en même temps nous en avons tous, et en premier lieu Thimeo, assez de ces rendez-vous, de revenir sur le passé avec des inconnus alors que nous souhaiterions reprendre une vie normale sans toutes ces obligations et justifications à apporter…

Quand Thimeo est arrivé au tribunal devant la juge, j'ai pu m'exprimer et lui ai ouvert mon cœur. En sortant il m'a serrée fort dans ses bras et m'a demandé de venir manger à la maison. Il est ensuite venu quelques jours à la campagne. Nous avons passé du temps ensemble, comme ça n'avait plus été le cas depuis tellement longtemps. Il a vu que je ne buvais plus et a remercié Clément de s'être bien occupé de moi… Mais il a aussi compris que je ne reviendrais pas habiter à Paris. Il est toujours dans le doute du chemin personnel et professionnel que je vais prendre, nous sentant encore instables puisqu'avec Clément nous occupons la maison de campagne de mes parents. Rien de vraiment sécurisant pour lui. Mais nous avons vécu trois jours de retrouvailles, et c'était formidable.

Il y a aussi eu Noël, où Thimeo a souhaité notre présence avec toute la famille. J'ai refusé d'amener les bouteilles de vin que mon père m'avait demandé d'acheter et Thimeo a pu constater que malgré les gens qui buvaient autour de moi, j'allais très bien. J'avais pris des dispositions : hors de question que je me retrouve seule dans la cuisine avec des verres presque vides pour ne pas réenclencher cette case dans mon cerveau. De toute façon je m'y étais préparée et j'avais en un sens déprogrammé mes gestes et mon cerveau. Enfin un moment en famille, tous réunis. Comme cela fait chaud au cœur !

Puis il y a eu son anniversaire : Thimeo a eu quatorze ans le 11 janvier 2019. Nous avons passé sa journée d'anniversaire tous les deux puis nous sommes allés au restaurant chinois, et le lendemain matin nous avons fait un câlin devant la télé. Je me suis endormie et Thimeo a décidé de partir au cinéma avec mon frère. Ils n'ont pas voulu me réveiller et quand je suis sortie du sommeil, j'ai eu la mauvaise surprise de me retrouver seule, sans Thimeo. En attendant qu'ils rentrent, je me suis permis de débrancher sa console de jeux qui me paraissait très chaude, ce que je trouvais dangereux contre le mur recouvert de boiseries. Quand Thimeo est rentré il a piqué une colère, m'a crié dessus pour la console et s'est enfermé dans la cuisine… Il a demandé à ma mère de retourner chez son oncle pour ne pas rester avec moi. Avec Clément, nous avons trouvé ce comportement inacceptable alors nous sommes rentrés le soir même à la campagne. Depuis Thimeo ne veut plus me voir. Il va redoubler sa quatrième et aller en pension loin de Paris, mes parents n'arrivant pas à avoir d'autorité sur lui.

L'objectif est qu'il retrouve le goût d'apprendre avec un rythme de vie réglé, sans console ni téléphone portable. J'espère que cela lui réussira, je suis très inquiète pour son avenir.

Je suis redevenue moi-même, mais on ne me laisse pas reprendre ma place de mère. Camilla ne m'a jamais téléphoné pour me demander de mes nouvelles, ou me donner des nouvelles de mon fils, m'envoyer des photos quand elle l'a pour les vacances. J'ai essayé de la contacter pour que l'on soit ensemble autour de Thimeo puisque l'on souhaite tous son bien, mais elle refuse de me parler. Elle achète mon fils en l'emmenant en Corse et en lui faisant des cadeaux très chers…

Mon combat aujourd'hui est de retrouver ma place de maman, de femme encore jeune avec mes quarante ans passés, de rendre heureux Clément qui s'est complètement consacré à moi pendant trois ans. Que mes parents reprennent confiance en moi, et ainsi par des gestes, des actions, que je puisse retrouver l'amour de mon fils, qu'il sache que je suis redevenue LE pilier sur lequel il peut de nouveau compter… Je me suis noyée dans l'alcool, je lui demande pardon, mais ma vie n'a pas été facile et je n'ai pas su faire autrement. J'espère qu'il me pardonnera, et qu'il comprendra quand il sera plus grand.

Mon cœur est toujours triste mais je sais apprécier chaque minute qui passe. Si vous saviez comme c'est bon de boire de grands verres d'eau fraîche, de se souvenir de tout, de ne plus avoir mal nulle part et de se retrouver vraiment plus vivante que jamais ! C'est une deuxième naissance.

Si j'ai écrit ce livre c'est pour montrer à quel point l'alcool est dangereux, à quel point il est facile de tomber dedans et qu'il est difficile de s'en sortir… Je suis passée par ce chemin et cela a été extrêmement périlleux, mais la fin de mon alcoolisme, je la dois à moi seule. Parce que je l'ai décidé. Je veux vous dire « OUI, c'est possible de s'en sortir ! Je l'ai fait ! » Aujourd'hui j'ai même mal quand je vois les autres boire. J'arrive à évaluer leur niveau de dépendance et les conséquences qui en découlent dans leurs vies. J'ai de l'expérience.

Le sujet est tellement vaste, mais voilà mon histoire, j'espère avoir tourné la page de l'alcool en me livrant à vous comme cela. J'aimerais me rendre utile, que mon expérience éveille les consciences, que mon témoignage donne de l'espoir et du courage. Il est toujours temps d'arrêter. Ne désespérez pas, même s'il y a les difficultés de « l'après » – comment retrouver sa place auprès de ceux que l'on aime et dans la société, comment retrouver la confiance de vos proches... Le chemin va être difficile et long, je le sais, il va falloir que je sois courageuse. Mon fils est mon courage.

Noyée ! J'étais noyée dans l'alcool. Aujourd'hui je suis une survivante à l'alcool. Pour toujours dans mon cœur !

Postface
Par le docteur
Fatma Bouvet de la Maisonneuve[2],
psychiatre et addictologue

Au fur et à mesure du temps que je passe avec mes patientes en proie à la maladie alcoolique, je réalise à quel point ce trouble est une sorte de condensé des problématiques féminines et à quel point il est indissociable de la violence que les femmes subissent aujourd'hui, qu'elle soit physique ou psychique, visible ou sournoise… Virginie Hamonnais en témoigne à chaque étape du récit.

Jusqu'à récemment, la question de la maladie alcoolique de la femme était à peine abordée, tant sur le plan théorique que pratique, bien que les dégâts s'amplifient et que des spécialistes s'en alarment.

La parution du dernier rapport de l'OCDE en 2015, qui montre une baisse globale de la consommation d'alcool,

2. Psychiatre et addictologue à l'hôpital Sainte-Anne à Paris, présidente fondatrice de Addict'elles, essayiste, auteure de Les femmes face à l'alcool. Résister et s'en sortir (Éditions Odile Jacob).

mais son augmentation dans la population des jeunes et des femmes marque un tournant. Ce rapport bat aussi en brèche l'idée reçue selon laquelle une femme qui souffre de maladie alcoolique est une femme en situation de précarité : ce sont, au contraire, les plus instruites et celles qui ont le plus de responsabilités professionnelles qui sont les plus exposées. Les préoccupations actuelles sur les violences faites aux femmes doivent également attirer davantage l'attention des professionnels car les traumatismes qu'elles génèrent provoquent souvent des conduites addictives. C'est la raison pour laquelle le médecin doit toujours rechercher un vécu de violence, de dénigrement, de disqualification, de relation toxique, comme celle vécue par la narratrice avec le père de son fils qui a instauré une relation perverse au sein de la famille. Malgré une avancée notable, le sujet est encore tabou, y compris au sein du monde médical. Les collègues craignent toujours de froisser leurs patientes en évoquant un problème dont, à l'évidence, ils n'ont pas encore intégré la dimension pathologique. Certains, comme mentionné dans ce récit, maîtrisent mal ce mésusage qui peut être très grave, mortel même, et ils vont jusqu'à encourager à changer d'alcool, pensant eux aussi que les alcools plus forts sont plus graves que les moins forts. « Alors, on est retourné chez l'addictologue avec ma mère et nous avons parlé de ce qu'était l'alcoolisme et il a expliqué que cela ne pouvait venir que de moi, que le manque physique était bien réel, et que même les médicaments n'étaient pas à la hauteur de l'alcool. Ma mère essayait de comprendre. » Effectivement il est difficile de comprendre.

La maladie alcoolique chez la femme évolue en silence et se complique plus rapidement que chez l'homme. Les chiffres dont nous disposons confirment notre pratique et nous amènent à demander aux autorités un investissement plus significatif à la fois en matière de recherche, mais aussi de prévention afin de protéger les femmes. Elles sont devenues, avec les jeunes, une cible majeure du marketing des alcooliers. D'ailleurs, après avoir vu le packaging de la vodka se féminiser progressivement, nous voyons aujourd'hui des stratégies, réussies, pour conquérir le marché féminin sur des alcools à consonance autrefois très masculine. Le slogan des alcooliers est « La femme est l'avenir de l'alcool », tout comme les jeunes le sont pour des commerciaux sans scrupules.

Pour avoir une idée du phénomène, prenons quelques chiffres. Pendant très longtemps la consommation d'alcool des hommes a été bien supérieure à celle des femmes, l'écart, cependant, s'est fortement réduit, notamment chez les jeunes adultes. Des chercheurs ont passé en revue 68 études internationales sur ce sujet. Chez les personnes nées autour de 1900 les hommes étaient 2 à 3,6 fois plus susceptibles que les femmes de consommer de l'alcool. Par contre, chez celles nées autour de 2000 et qui ont entre 16 et 25 ans aujourd'hui, ces ratios sont seulement de 1,1 fois à 1,3, suggérant un quasi-équilibre entre les sexes (1). En France, entre 2010 et 2014 le taux d'ivresses régulières chez les femmes a doublé alors qu'il est resté stable chez les hommes. Ceci serait dû à l'augmentation de la consommation féminine, et non à une diminution de celle des hommes (2, 3).

L'environnement doit aussi être pris en compte car les femmes actives souffrent d'un plus grand mal-être au travail (4). Le surmenage, la charge mentale et le lien entre conditions de travail et dépression sont des sujets largement évoqués par nos patientes (5).

Aujourd'hui les femmes représentent avec les jeunes un marché très convoité, car ce sont elles qui majoritairement achètent l'alcool en grande surface en France. Le vin reste plus consommé par les hommes, mais l'écart se réduit. Les campagnes publicitaires s'adressent ouvertement aux femmes : féminisation des noms et des conditionnements, apparition de vins « light », images mettant en scène des femmes élégantes et belles : *La femme est (devenue) l'avenir du vin* (6). Si les outils de sensibilisation et de prévention ont réussi à faire chuter de près de 40 % le taux de mortalité lié à la consommation d'alcool, l'obligation de prévention doit s'affiner afin de préserver les femmes dont la consommation continue d'augmenter, avec une montée en puissance des alcools forts (7), comme c'est le cas pour Virginie dans ce récit.

Les coûts directs et indirects liés à la maladie alcoolique sont supérieurs lorsqu'il s'agit des femmes en raison de complications plus lourdes qui peuvent apparaître dès le premier verre (8). Complications psychiatriques – la dépression, les troubles anxieux et somatiques – mais également des atteintes hépatiques, des troubles cardiovasculaires ou des cancers. La mortalité et la morbidité sont ainsi plus élevées chez les femmes (9) ce qui peut s'expliquer, entre autres, par l'effet du produit réparti sur un poids total inférieur à celui des hommes (10).

Si la femme consomme pendant sa grossesse, l'embryon ou le fœtus peuvent être intoxiqués par l'alcool, ce qui perturbe le développement des organes et donne le syndrome d'alcoolisation fœtale (SAF) ou *embryofœtopathie alcoolique* (11). En France, près de 1 % des naissances est concerné, c'est-à-dire 7 000 nouveaux enfants chaque année.

Malheureusement pour notre narratrice, comme pour nombre de nos patientes, plusieurs rendez-vous sont manqués. Les femmes ne représentent qu'un quart des patients alcooliques traités (9), alors qu'elles ont, par ailleurs, un accès aux soins généraux plus facile. Cette carence serait due à la honte et à la stigmatisation que ressentent les femmes à parler d'une maladie encore connotée de façon très négative (13). Le programme de « Repérage Précoce et Intervention Brève » (RPIB) en matière d'alcool, réalisé par la Direction générale de santé, permet de contourner cette difficulté et de repérer des éléments de comportements alcooliques en quelques minutes chez les plus réticentes des femmes concernées. Sans un diagnostic rapide, elles sont écartées des circuits de soins et leur maladie évolue. De fait, nous constatons qu'elles vont d'abord vers les spécialistes pour les complications (12) et qu'elles ont moins souvent que les hommes un recours direct aux consultations d'addictologie (13). Lorsqu'elles s'y présentent, c'est généralement de leur initiative et avec l'idée de réparer les liens qui se sont dégradés avec leurs proches, le plus souvent leurs enfants. Cette motivation familiale améliore le pronostic de la prise en charge. À l'inverse, il faut aussi noter que si les femmes consultent moins les centres spécialisés, c'est aussi parce qu'elles craignent avant tout la rupture avec leurs enfants en cas d'hospitalisation.

Le parcours décrit par la narratrice est hélas assez fréquent dans la mesure où le nombre de structures adaptées n'est pas suffisant, qu'il s'agisse de services d'urgence ou de prises en charge ambulatoire ou d'hospitalisation (cure et post-cure). Il est habituel que les patients en état d'ivresse soient accompagnés aux urgences et ne soient pas considérés comme des malades graves, car le personnel est pris par des patients dont le pronostic vital est en jeu et n'est pas assez sensibilisé au fait qu'il pourrait en être de même pour tous types d'addictions, y compris celle à l'alcool. C'est la raison pour laquelle il est souhaitable de pouvoir accueillir les malades dans des conditions autres, avec un personnel sensibilisé à la gravité des addictions, que ce soit en matière de sevrage, d'abus ou de complications psychiatriques et somatiques. Nombreux sont les patients addicts qui refusent l'environnement d'un hôpital psychiatrique car ils ne se reconnaissent pas dans les malades mentaux qui les entourent. Il est vrai que la consommation de produit introduit une dimension autre dans l'état du patient et la façon de le prendre en charge dans le cadre d'une hospitalisation. Néanmoins, mon expérience m'a montré qu'il existe très souvent un trouble psychiatrique comme une dépression, un trouble anxieux, un stress post-traumatique qui accompagne la maladie alcoolique, et qui doit être traité.

On me demande souvent s'il y a une différence entre la relation à l'alcool entre les hommes et les femmes. Comment reconnaître ? Quand s'inquiéter ? La narratrice nous en donne une explication assez claire en décrivant la façon de boire de son père qui est lui-même en souffrance, ce que personne ne souligne dans la famille car il est « normal chez un homme d'abuser de temps en temps ». La maladie alcoolique chez la femme se manifeste généralement dans un contexte de solitude, de tristesse, voire de dépression. La consommation est souvent ritualisée, par exemple tous les soirs, en rentrant du travail. Lorsqu'elles sont en famille, elles boivent en cachette ou bien elles banalisent et prétextent la tension de la journée pour prendre un apéritif avec des proches. Elles décrivent souvent une consommation sur un mode dipsomane. L'effet recherché est une détente rapide pour « oublier ou s'assommer ». Ces conduites correspondent généralement à des moments de conflits affectifs. L'autre particularité clinique est une culpabilité du lendemain. Celle-ci se retrouve quasi systématiquement chez les femmes qui ont tendance à se disqualifier, plus encore lorsqu'il s'agit de ce produit chargé de jugements moraux. Cette culpabilité est associée à l'incapacité de s'abstenir de boire, comme si elles n'avaient pas assez de volonté. Cette culpabilité les rappelle aussi à la faible estime qu'elles ont d'elles-mêmes et au poids du regard des autres.

Les modalités de commencement évoluent. Nous décrivions il y a quelques années un début tardif, vers l'âge de quarante ans, il est aujourd'hui bien plus précoce et survient, par exemple, dans un contexte scolaire ou professionnel festif (dans certains métiers à risques et très féminisés). Les consommations intenses sur le mode du *binge drinking*, cette forme d'alcoolisation ponctuelle intensive parfois suivie de black-out, se développent. Les trous noirs, jusqu'à oublier comment on est rentré, sont plus fréquents chez les femmes (13, 14). Elles décrivent un *craving* (l'envie irrépressible de consommer) plus fort que celui des hommes, il serait plus intense lorsqu'il existe une comorbidité (15).

Les facteurs déclenchants sont affectifs et relationnels, souvent disqualifiants et humiliants. Relevant de la violence, ils concernent la vie privée ou surviennent dans le cadre professionnel. Les liens sont de plus en plus fréquents avec un mal-être au travail. Ces femmes décrivent quasi systématiquement une faible estime de soi, un sentiment récurrent d'illégitimité dans leurs fonctions ainsi qu'un fort souci de performance, accompagné de culpabilité. Cet état de tension quotidienne, de violence visible ou de microtraumatismes répétés et banalisés peut les pousser à s'automédiquer en ayant recours à l'alcool ou à d'autres produits (5). « Je n'étais pas respectée et aimée comme je le souhaitais. Ni en tant que femme, ni en tant que mère. Il ne prêtait presque pas attention à son fils, sauf en le prenant dans ses bras à de rares occasions, lui disant qu'il l'aimait. Mais l'amour, il ne suffit pas de le dire, il faut le montrer, le vivre et le partager. C'est trop facile de dire « Je t'aime » et de tourner les talons. »

Toutes les femmes qui subissent des violences ou qui ont connu des difficultés relationnelles ne deviennent pas malades d'alcool. Cette pathologie se développe sur un terrain bien particulier, décrit dans la littérature, mais également vérifié cliniquement. Commençons par la personnalité. Nous retrouvons souvent chez ces femmes une « personnalité dépendante » selon notre jargon issu du DSM, une classification internationale des troubles mentaux. Dans ce type de personnalité, on note une dimension phobique importante, une faible estime de soi avec une difficulté à s'affirmer, un manque de confiance en soi et une difficulté à réagir aux conflits. Je tiens à le préciser ici, car longtemps on a parlé de personnalité hystérique ce qui, au sens psychiatrique du terme n'est pas en principe péjoratif, mais qui, étant souvent attribué aux femmes, a fini par le devenir. C'est ainsi qu'au tout début des réflexions sur l'alcool et les femmes il a été assez facile de les qualifier d'hystériques au sens de l'histrionisme, de la quête affective et de l'amplification des évènements, c'est-à-dire de théâtralisation. Or, il se trouve que cette hypothèse trop simpliste est aujourd'hui démentie. Paradoxalement, ces femmes affichent simultanément une capacité à assumer de nombreuses responsabilités avec un souci de performance intransigeant, en lien avec leur statut socioprofessionnel qui, rappelons-le, est souvent élevé. Bon nombre de mes patientes sont « les hyper femmes » (12), un néologisme dans lequel elles se reconnaissent bien volontiers. Elles attribuent leur conduite à un conflit d'identité puisqu'elles se sentent prises en étau entre des traits de caractère dits féminins et le devoir de fonctionner à l'opposé de leur nature : *Sois féminine et comporte-toi comme un homme !* (15).

Comme pour les hommes, les antécédents familiaux sont importants à repérer. Lorsqu'il s'agit du premier degré d'hérédité, et d'autant plus s'il s'agit de la mère, ce facteur familial augmente de 2 à 4 fois les risques de maladie alcoolique chez la femme (9). À un degré moindre, les antécédents familiaux de dépression et de troubles anxieux chez les ascendants féminins constituent également des facteurs de risques.

De nombreuses études montrent que certains troubles psychiques favorisent la maladie alcoolique chez la femme, le premier d'entre eux est la dépression (16). 65 % des femmes (versus 44 % des hommes) souffrant d'une maladie alcoolique, ont présenté au moins une fois dans leur vie un trouble psychiatrique dépressif et/ou anxieux, par rapport à 36 % de l'ensemble des femmes étudiées (9). D'autres travaux ont souligné le rôle d'un état d'anxiété ou de traumatismes précoces comme un deuil ou un abus sexuel survenu au cours de l'enfance. Si le traumatisme a eu lieu avant l'âge de treize ans, il s'accompagne d'un abus d'alcool dans des proportions trois fois supérieures aux chiffres observés pour le reste de la population. Virginie rapporte un passé incestueux avec son grand-père, ce qui pourrait tout à fait représenter un facteur de risque important quant à la survenue de la maladie alcoolique chez elle.

Certains auteurs comprennent alors l'abus d'alcool comme un exutoire face à une souffrance ancienne et profonde, mais aussi comme une forme d'expression de leur vécu de victime (9). Ces antécédents peuvent être des éléments de mauvais pronostic, ou de résistance au traitement (17).

Le mariage semble être un facteur de mauvais pronostic pour les femmes, alors qu'il protège les hommes de l'alcool (15). Cela peut s'expliquer par la survenue d'éventuelles tensions conjugales ou familiales ainsi que par le cumul des responsabilités. L'histoire que vous venez de lire en est l'illustration même. L'environnement professionnel influe également sur les conduites des patientes et d'une façon qui mériterait d'être mieux analysée, compte tenu des derniers chiffres recueillis sur la consommation d'alcool dans le milieu professionnel en France. Il faudrait à cette occasion traiter du sujet de la satisfaction professionnelle des femmes et du partage des tâches domestiques (4). L'inégalité hommes-femmes au travail génère de nombreuses frustrations et souffrances que certaines traitent par la consommation de produits. Et plus elles sont instruites, plus elles ont de risques de basculer dans l'alcool.

L'allongement de la vie des femmes se révèle être aussi un risque important. Elles sont plus exposées à vivre le décès du conjoint, ce qui représente un facteur dépressogène. Elles sont plus nombreuses à vivre seules, ce qui peut pousser les plus fragiles d'entre elles vers l'abus d'alcool. C'est ainsi que l'on peut comprendre cette progression de la maladie à des âges de plus en plus avancés (9).

La maladie alcoolique est souvent accompagnée de comorbidités psychiatriques, c'est-à-dire de troubles mentaux et il est important d'en tenir compte pour une prise en charge plus adaptée. C'est particulièrement vrai chez les femmes pour qui il s'agit le plus souvent de comorbidités thymiques (troubles de l'humeur, comme la dépression ou la bipolarité) et anxieuses, à la différence des hommes chez qui l'on retrouve une personnalité antisociale (19). L'association à l'alcoolisme doit être diagnostiquée pour améliorer le pronostic.

La première des comorbidités est la comorbidité addictive (20). Pour les femmes, il s'agit d'abord des dépendances tabagique et médicamenteuse et de troubles du comportement alimentaire. Chez les boulimiques, par exemple, l'abus d'alcool est seize fois plus important que chez les non-boulimiques (9). Notons l'augmentation actuelle de consultation de jeunes femmes pour alcoolorexie ou drunkorexie. Ce phénomène toucherait 16 % des étudiantes américaines qui préfèrent le fait de boire à celui de manger par calcul de calories et pour parvenir plus rapidement à l'insensibilité (21). Viennent ensuite les troubles dépressifs et anxieux ainsi que les traumatismes précoces (9). Le syndrome de stress post-traumatique est souvent retrouvé dans l'anamnèse des patientes et en particulier les violences sexuelles d'où l'importance de les rechercher systématiquement (22).

Chez les bipolaires, le risque de développer un mésusage d'alcool est plus important pour les femmes que pour les hommes. Il souvent associé à d'autres produits (23, 24, 25).

À la frontière des comorbidités et des complications, se trouve la question des tentatives de suicide qui touchent significativement plus les femmes que les hommes. Il faut donc avoir en tête que cette maladie tue par divers moyens, elle n'est absolument pas anodine.

Les principes généraux de la prise en charge sont les mêmes que pour les hommes. Pourtant, aux spécificités cliniques et aux spécificités individuelles et environnementales, doivent répondre une approche et une écoute adaptées aux femmes. Tout se joue généralement lors de la consultation initiale qui est souvent la première occasion de parler de sa souffrance. Une attention, une disponibilité et une empathie toutes particulières doivent être accordées à cette occasion. Une grande partie du travail thérapeutique est réalisée lorsque l'on explique à ces femmes qu'elles sont malades alors qu'elles pensaient avoir un vice.

Le mécanisme neurobiologique de la récompense est clairement démontré pour toutes les addictions, nous disposons donc de preuves biologiques de la maladie, dont il ressort que rien n'est plus fort que ce dont on dépend, ici l'alcool. Ainsi il ne s'agit pas de volonté, mais bien d'un piège psychobiologique duquel il est très difficile de sortir sans accompagnement adapté. La narratrice dit n'avoir jamais rencontré d'espace paisible pour permettre un échange fluide et soutenant, ou que lorsqu'elle s'y trouvait c'était dans un état d'extrême sévérité. Les soignants sont souvent très attentionnés et préoccupés par l'état des malades mais il est vrai que leur formation sur la maladie addictive et sa gravité sont insuffisantes. Nous savons également la surcharge de travail qui les accable et nous devons le reconnaître ici : l'aspect tabou d'une femme touchée par l'alcool, y compris dans le corps soignant, ne facilite pas les choses.

La prise en charge doit être globale : médicale, psychologique et sociale. Il est important, si les patientes le demandent, que l'on informe également la famille sur la maladie. Je me suis fixée une règle qui consiste à ne jamais rien échanger dans le dos de mes patients, même si la famille essaie souvent d'avoir des informations car elle pense que nous minimisons la quantité d'alcool consommée par la patiente. Nous exerçons un métier où l'on sait que la patiente peut ne pas tout dire, malgré la confiance instaurée entre nous. Si nous souhaitons garder cette confiance, il n'est pas question de la tenir à l'écart des discussions qui la concernent. Les familles doivent également savoir qu'il est inutile de surveiller la personne qui boit car cela peut aboutir à l'effet inverse. Par ailleurs, le caractère fortement intime de la maladie est peu connu. L'alcool est un compagnon, comme le reproche Clément à Virginie, il en est presque jaloux. L'état dans lequel l'alcool met ces femmes lève les barrières et les fait plonger dans les tréfonds de leur vie privée à la fois émotionnelle, affective et sexuelle. Elles sont à la recherche de compréhension d'elles-mêmes, d'estime de soi, elles réfléchissent sur leur féminité, leurs désirs, autant de sujets qu'elles ne peuvent pas partager facilement car ils sont soit considérés comme secondaires par rapport à leur trouble, soit totalement niés.

Par ailleurs il est indispensable d'avoir en tête les complications judiciaires et administratives qui touchent très souvent les femmes. Les retraits de permis, endettement, licenciement, privation de gardes d'enfants... Ces patientes subissent, malgré leur état de malade, des jugements à l'emporte-pièce d'apprentis sorciers qui se prétendent psychologues et qui, sans voir l'immense souffrance de la mère s'autorisent à l'accuser de rapports pathologiques et incestueux avec ses enfants. Combien de mes patientes sont dans ce type de situations, faisant confiance à ces personnes, dont certaines ignorent leur détresse et les assomment encore plus en les culpabilisant ? Ici aussi nous devons souligner le manque criant de formation. Notre association est d'ailleurs de plus en plus sollicitée pour que ces différents intervenants comprennent mieux ce trouble, et particulièrement chez les femmes. Ils ont bien raison de vouloir être formés car cela situerait cette question dans le registre médical et éviterait les jugements moraux. Par ailleurs, ce sont les femmes qui gèrent les finances et il arrive qu'elles contractent des dettes. En cas de séparation, la question de la garde des enfants est à noter comme un facteur aggravant, qui pousse parfois au pire.

La prise de poids que beaucoup négligent dans la prise en charge aggrave la mauvaise estime de soi, elle est l'un des premiers leviers de motivation pour les amener à se soigner. Il est important de pouvoir les adresser à des spécialistes.

Lorsque le tableau nécessite une hospitalisation, il faut prendre le temps d'en expliquer les conditions, afin de préserver l'alliance thérapeutique : le temps passé hors du foyer et loin de leurs enfants est crucial. La démarche doit se faire avec leur consentement, sauf dans les situations les plus graves qui justifient l'hospitalisation sur demande d'un tiers, ce qui a été le cas pour Virginie.

Il est évidemment possible de se sortir de ce que certaines décrivent comme un « bunker », une prison en somme. Si la personne est accompagnée d'une famille compréhensive et bienveillante, elle a plus de chance de s'améliorer car le dialogue est plus facile et ainsi peut se réamorcer une confiance que les proches avaient perdue. Il est inutile de surveiller la personne qui est en train de se soigner, elle sentira ce poids et cela peut souvent aboutir au résultat inverse, car n'oublions pas qu'une des raisons de cette consommation est le manque de confiance en soi. Ainsi, si les proches ne font pas confiance, la progression dans les soins devient plus difficile. Le but est d'apprendre à vivre sans alcool et pour cela il faut être accompagné, disposer d'un espace pour parler de ses réflexions, de ses émotions, de son état, sans ce produit. Il faut donc être suivi par un médecin jusqu'à ce que les deux considèrent que la patiente s'est affranchie de l'alcool. Vivre sans alcool est difficile car cela signifie changer de vie et de rituels. C'est ce que j'explique à mes patientes afin qu'elles ne pensent pas que le parcours est toujours facile. Comme Virginie, elles me disent apprécier les choses simples de la vie à leur juste valeur, retrouver les odeurs, savourer des plats, apprécier des couleurs, la nature. Elles se sentent plus dans la réalité et, si elle n'est pas toujours simple, elles portent en elles assez de force pour l'affronter sans avoir recours aux vapeurs de l'alcool pour travestir la dureté de la vie. Le sujet de la liberté et de l'affranchissement concerne aussi ce qu'une femme s'autorise dans sa vie en général. Je leur parle souvent d'une pépite intérieure à trouver au fur et à mesure des séances. À cette évocation elles sont nombreuses à pleurer d'émotion car cela révèle les frustrations enfouies, les censures, les voies imposées qui les ont poussées vers l'alcool pour apaiser ce désir trop fort contrarié ou pour avoir l'impression artificielle de le réaliser grâce à la désinhibition que procure l'alcool. On se sort de l'alcool par l'expression d'une créativité qui a été censurée et qui donnera une sensation plus forte que celle de l'ivresse. C'est ce qui est passionnant dans la prise en charge de ces patientes, les voir se transformer de chrysalides en papillons.

La gravité des effets de l'alcool n'est plus discutable, en particulier chez la femme. Elle doit attirer l'attention des professionnels et de l'opinion publique du fait de l'augmentation de sa fréquence et des lourdes complications qu'elle engendre (26). La maladie se développe sur des terrains de vulnérabilité qu'il est important d'analyser systématiquement. Les comorbidités psychiatriques doivent être recherchées afin de mettre en place le traitement adéquat. La maladie alcoolique chez les femmes reste encore taboue et c'est l'une des raisons de leur faible taux de consultation en services spécialisés comme de l'évolution longue de leur trouble. C'est à travers un travail de prévention global que l'on parviendra à atteindre la cible des femmes qui sont de plus en plus touchées par cette maladie. Il faut « encourager l'éducation, la communication, la formation et la prise de conscience » (27) et légiférer sur la promotion de l'alcool afin de limiter l'apparition des troubles et leurs complications (4).

Bibliographie

1. Revue BMJ Open, 24 octobre 2016 https://bmjopen.bmj.com/content/6/10/e011827
2. INPES2016 http://inpes.santepubliquefrance.fr/10000/themes/alcool/consommation-alcool-france.asp
3. Greenfield SF, *Women and alcohol use disorders*, Harv Rev Psychiatry. 2002 Mar-Apr, 10(2) :76-85. Review. Erratum in : Harv Rev Psychiatry 2002 Jul-Aug;10(4):254.
4. Bouvet de la Maisonneuve F, *Le choix des femmes*, Paris, Éditions Odile Jacob, 2011.
5. http://www.oecd.org/fr/sante/l-ocde-expose-les-mesures-que-les-gouvernements-peuvent-prendre-pour-eviter-les-importants-surcouts-lies-a-une-consommation-nocive-d-alcool.htm 2015
6. Jean Aubry sur le site le devoir.com, sept 04.
7. Observatoire de l'alcool, INPES 2003.
8. Lancet Health Journal, août 2018.
9. Limosin F, *Spécificités Cliniques et biologiques de l'alcoolisme de la femme*, L'encéphale, 2002.
10. https://www.ofdt.fr/publications/collections/periodiques/lettre-tendances/usages-de-drogues-

et-consequences-quelles-specificites-feminines-tendances-n-117-mars-2017/

11. Rapport de l'Académie de médecine portant sur l'alcoolisation fœtale daté du 22 mars 2016.
12. Bouvet de la Maisonneuve F, *Les femmes face à l'alcool. Résister et s'en sortir*, Paris, Éditions Odile Jacob, 2010.
13. Schober R, Annis HM, *Barriers to help-seeking for change in drinking: a gender-focused review of the literature*, Addict Be-hav 1996 ;21:81–92.
14. Journal of sex 2017 https://www.tandfonline.com/doi/ref/10.1080/00224499.2016.1228797?scroll=top&
15. Wilson C., Otto S et al., *La femme moderne et l'alcool*, Liège, Pierre Mardaga, 1995
16. Liang W, Chikritzhs T, *Affective disorders, anxiety disorders and the risk of alcohol dependence and misuse*, Br J Psychiatry. 2011 Sep ; 199 (3):219-24. Epub 2011 Jun 27.
17. Greenfield SF, *Women and alcohol use disorders*, Harv Rev Psychiatry. 2002 Mar-Apr ; 10 (2):76-85. Review. Erratum in : Harv Rev Psychiatry 2002 Jul-Aug ;10 (4):254.
18. INPES, *Les consommations de substances psychoactives en milieu de travail*, janvier 2012.
19. Lyne JP, O'Donoghue B, Clancy M, O'Gara C, *Comorbid psychiatric diagnoses among individuals presenting to an addiction treatment program for alcohol dependence*. Subst Use Misuse. 2011 ; 46 (4) :351-8.
20. Reynaud M, *Traité d'addictologie*, Flammarion Médecine Science, 2006.

21. University of Missouri-Columbia (2011, October 17). 'Drunkorexia:' A recipe for disaster.
22. Buckner JD, *Implications of comorbid alcohol dependence among individuals with social anxiety disorder. Depress Anxiety*, 2008, 25 (12) :1028-37. PubMed PMID : 18781667; PubMed Central PMCID: PMC2778209.
23. Nenadic-Sviglin K, Nedic G, Nikolac M, Kozaric-Kovacic D, Stipcevic T, Muck Seler D, Pivac N, *Suicide attempt, smoking, comorbid depression, and platelet serotonin in alcohol dependence,* Alcohol. 2011 May;45 (3) :209-16. doi:10.1016/j.alcohol.2010.11.004. Epub 2010 Dec 17.
24. Frye MA, *Gender differences in prevalence, risk, and clinical correlates of alcoholism comorbidity in bipolar disorder*, Am J Psychiatry. 2003 May, 160(5) : 883-9.
25. Brousse G, Garay RP, Benyamina A, *Management of comorbid bipolar disorder and alcohol dependence*, Presse Med. 2008 Jul-Aug ; 37 (7-8) : 1132-7.
26. Lejoyeux M. *Abrégé d'addictologie*, Paris, Masson, 2009 (expertise INSERM).
27. Direction Générale Santé et Protection des Consommateurs. Rapport : *L'alcool en Europe, une approche en santé publique*, Commission Européenne, 2006

Table des matières

Composition :
L'atelier des glyphes

Achevé d'imprimer en août 2019
sur les presses de la Nouvelle Imprimerie Laballery
58500 Clamecy
Dépôt légal : septembre 2019
Numéro d'impression : 908093

Imprimé en France

La Nouvelle Imprimerie Laballery est titulaire de la marque Imprim'Vert®